SARAH BRUNNER

SÜDTIROL

KOCHBUCH

Die leckersten Rezepte der südtiroler Küche
für jeden Geschmack und Anlass

WirmachenDruck.de
Sie sparen, wir drucken!

Email: info@edition-lunerion.de
www.edition-lunerion.de

Psiana eCom UG
Berumer Str. 44
26844 Jemgum

Vorwort

Legendäre mediterrane Köstlichkeiten und deftige Alpenküche zugleich – das klingt zu lecker, um wahr zu sein? Dann wird hier ein kulinarischer Traum für Sie wahr! Denn die Südtiroler Küche bietet Ihnen das Beste aus beiden Genusswelten und mit diesem Rezeptbuch holen Sie sich die Schlemmereien ganz einfach nach Hause.

Die österreichischen Alpen im Rücken und der Blick Richtung südliches Italien: Das ist Südtirol, die märchenhafte Urlaubsregion, die von beiden Seiten das Beste hat. Und das gilt auch in kulinarischer Hinsicht, denn in den Südtiroler Küchen finden Sie deftig-alpine Leckereien ebenso wie herrlich mediterranes Olivenöl, und dieses Buch zeigt Ihnen, welch einzigartige Genüsse Sie damit auf den Tisch zaubern können. Lokale Spezialitäten wie Bergkäse, Speck, Äpfel oder Wein kreieren eine ganz besondere Aromenvielfalt und bieten Fleischfreunden, Fischliebhabern, Veggies und Süßschnäbeln gleichermaßen eine große Auswahl an Genuss. Ob deftig oder leicht, Vorspeise oder Hauptgericht, verführerische Süßspeise oder raffinierte Getränke, in diesem Buch finden Sie reichlich Rezepte für jeden Anlass und Geschmack.

Guten Appetit!

INHALT

Grias di!

Inmitten der majestätischen Alpenregion liegt dieses kulinarische Paradies, das für seine reiche gastronomische Vielfalt und einzigartigen Einflüsse bekannt ist: Südtirol. Südtirol ist eine Region, in der sich die alpine und mediterrane Küche auf wunderbare Weise vermischen. Die Rezepte in diesem Kochbuch sind von der Vielfalt der Zutaten, den saisonalen Produkten und den traditionellen Zubereitungsmethoden inspiriert. Von deftigen Speisen wie Speckknödel und Schlutzkrapfen bis hin zu erfrischenden Salaten mit frischen Kräutern und aromatischem Olivenöl – Südtirol bietet für jeden Geschmack etwas.

Egal, ob Sie bereits mit der Südtiroler Küche vertraut sind oder sie zum ersten Mal entdecken, dieses Kochbuch wird Ihnen helfen, die kulinarischen Schätze dieser besonderen Region zu erkunden. Von herzhaften Hauptgerichten bis hin zu verführerischen Desserts bieten wir eine Vielzahl von Rezepten, die Ihnen ermöglichen, die Geschmäcker und Düfte Südtirols in Ihrem eigenen Zuhause zu genießen.

Die südtiroler Küche zeichnet sich durch ihre Verbundenheit mit der Natur und den Jahreszeiten aus. Die Rezepte nutzen frische, lokale Zutaten wie Berggemüse, Almkäse, Speck, Äpfel und Wein, um authentische und geschmackvolle Gerichte zu kreieren.

Tauchen Sie ein in die Welt der südtiroler Küche und lassen Sie sich von den Aromen, Geschmäckern und Traditionen dieser faszinierenden Region verzaubern. Machen Sie sich bereit, Ihre Geschmacksknospen auf eine unvergessliche Reise zu schicken und entdecken Sie das kulinarische Erbe Südtirols in Ihrem eigenen Zuhause!

Frühstücksrezepte

SÜDTIROLER SPECKBROT

4 Port. 20 Min. Leicht

Zutaten

4 Scheiben Bauernbrot oder Roggenbrot
100 g Südtiroler Speck, dünn geschnitten
Butter oder Schmalz zum Bestreichen

Nährwerte p. P.

200 kcal
9 g Fett
24 g Kohlenhydrate
2 g Ballaststoffe
10 g Eiweiß

1 Bauernbrot- oder Roggenbrotscheiben toasten oder leicht rösten: Nehmen Sie vier Scheiben Bauernbrot oder Roggenbrot und toasten Sie sie in einem Toaster oder legen Sie sie unter den Grill des Ofens, bis sie leicht gebräunt sind. Alternativ können Sie die Brotscheiben auch in einer Pfanne mit etwas Butter rösten, um ihnen eine knusprige Textur zu verleihen.

2 Während das Brot geröstet wird, erhitzen Sie eine Pfanne auf mittlerer Hitze. Legen Sie die dünn geschnittenen Speckscheiben in die Pfanne, ohne zusätzliches Fett hinzuzufügen. Braten Sie den Speck langsam, bis er knusprig und goldbraun wird. Wenden Sie die Scheiben gelegentlich, um sicherzustellen, dass sie gleichmäßig braten.

3 Sobald das Brot getoastet ist, nehmen Sie es aus dem Toaster oder der Pfanne und bestreichen Sie jede Scheibe großzügig mit Butter oder Schmalz. Die Butter oder das Schmalz geben dem Brot einen reichhaltigen Geschmack und sorgen für eine cremige Textur.

4 Nehmen Sie den knusprigen Speck aus der Pfanne und legen Sie ihn auf die mit Butter oder Schmalz bestrichenen Brotstücke. Achten Sie darauf, den Speck gleichmäßig auf den Brotscheiben zu verteilen, sodass jeder Biss den köstlichen Geschmack des Specks enthält.

5 Wenn Sie möchten, können Sie Ihr Südtiroler Speckbrot mit frischen Kräutern oder Gewürzen garnieren, um dem Gericht zusätzlichen Geschmack und Aroma zu verleihen. Zum Beispiel können Sie frische Petersilie, Thymian oder Rosmarin fein hacken und über den Speck streuen. Oder Sie können etwas frisch gemahlenen schwarzen Pfeffer oder Paprika hinzufügen, um eine leicht würzige Note zu erzielen.

6 Das Südtiroler Speckbrot ist jetzt fertig zubereitet. Legen Sie die belegten Brotscheiben auf eine Servierplatte und servieren Sie sie warm. Sie können das Speckbrot als eigenständige Mahlzeit genießen oder mit einer Beilage wie einem knackigen Salat oder eingelegtem Gemüse servieren.

KÖSTLICHES SCHÜTTELBROT

4 Port. 40 Min. Leicht

Zutaten

500 g Roggenmehl
250 ml lauwarmes Wasser
10 g Salz
1 TL Kümmelsamen
1 TL Fenchelsamen
1 TL Anissamen
1 TL Koriandersamen

Nährwerte p. P.

150 kcal
1 g Fett
31 g Kohlenhydrate
6 g Ballaststoffe
4 g Eiweiß

1 In einer großen Schüssel sollten Sie das Roggenmehl und das Salz sorgfältig miteinander vermischen. Achten Sie darauf, dass das Salz gleichmäßig im Mehl verteilt ist.

2 Nehmen Sie nun die Kümmel-, Fenchel-, Anis- und Koriandersamen und zerkleinern Sie sie grob. Sie können entweder einen Mörser verwenden oder die Samen mit einem Messer leicht zerstoßen. Dies hilft, die Aromen freizusetzen und dem Schüttelbrot einen intensiveren Geschmack zu verleihen.

3 Geben Sie die zerstoßenen Samen zu dem Mehl-Salz-Gemisch und vermengen Sie alles gründlich miteinander. Stellen Sie sicher, dass die Samen gleichmäßig im Teig verteilt sind, um eine gleichmäßige Geschmacksverteilung im fertigen Schüttelbrot zu gewährleisten.

4 Gießen Sie nach und nach das lauwarme Wasser in die Schüssel und beginnen Sie, den Teig zu kneten. Dabei sollten Sie darauf achten, dass Sie den Teig zu einem geschmeidigen und elastischen Zustand bringen. Es kann sein, dass Sie nicht die gesamte angegebene Wassermenge benötigen oder etwas mehr Wasser hinzufügen müssen, um den Teig richtig zu binden. Bearbeiten Sie den Teig so lange, bis er geschmeidig und elastisch ist.

5 Decken Sie den Teig ab und lassen Sie ihn an einem warmen Ort für etwa eine Stunde ruhen. Während dieser Ruhezeit kann der Teig aufgehen und sein Volumen erhöhen. Dies ist wichtig, um dem Schüttelbrot seine luftige Textur zu verleihen.

6 In der Zwischenzeit sollten Sie den Backofen auf 200 °C Umluft vorheizen. Geben Sie den Teig auf eine bemehlte Arbeitsfläche und formen Sie ihn zu einem flachen, dünnen Fladen. Sie können Ihre Hände oder ein Nudelholz verwenden, um den Teig in die gewünschte Form zu bringen.

7 Legen Sie den geformten Fladen auf ein mit Backpapier ausgelegtes Backblech und schieben Sie es in den vorgeheizten Backofen. Lassen Sie das Schüttelbrot für etwa 20 bis 25 Minuten backen, bis es eine goldbraune Farbe annimmt und knusprig wird.

8 Sobald das Schüttelbrot fertig gebacken ist, nehmen Sie es aus dem Ofen und lassen Sie es abkühlen. Während des Abkühlens wird das Brot seine endgültige Konsistenz erreichen.

9 Um das charakteristische Aussehen des Schüttelbrots zu erzielen, brechen oder schütteln Sie es in grobe Stücke. Dieser Prozess verleiht dem Brot seine unregelmäßige Form und ermöglicht es Ihnen, es leicht zu portionieren.

STRIEZEL

4 Port. 1,5 Std. Leicht

Zutaten

500 g Weizenmehl
80 g Zucker
1 Päckchen Trockenhefe
1 Prise Salz
200 ml lauwarme Milch
80 g Butter, weich
2 Eier
1 TL Vanilleextrakt
Abrieb einer Zitrone
Puderzucker zum Bestäuben

Optional:
Rosinen
Mandelblättchen

Nährwerte p. P.

350 kcal
10 g Fett
57 g Kohlenhydrate
2 g Ballaststoffe
8 g Eiweiß

1 In einer großen Schüssel sollten Sie das Weizenmehl, den Zucker, die Trockenhefe und das Salz sorgfältig miteinander vermischen. Achten Sie darauf, dass alle Zutaten gut verteilt sind.

2 Fügen Sie die lauwarme Milch hinzu und rühren Sie alles gründlich um, bis sich ein Teig bildet. Die Milch sollte den Teig geschmeidig machen und ihm die richtige Konsistenz verleihen.

3 Geben Sie nun die weiche Butter, die Eier, den Vanilleextrakt und den Zitronenabrieb zu dem Teig hinzu. Kneten Sie alles gut durch, bis ein glatter und elastischer Teig entsteht. Es ist wichtig, dass alle Zutaten gut miteinander vermischt sind und der Teig eine homogene Konsistenz aufweist.

4 Decken Sie den Teig ab und lassen Sie ihn an einem warmen Ort für etwa eine Stunde ruhen. Während dieser Ruhezeit hat der Teig die Möglichkeit, aufzugehen und sein Volumen zu verdoppeln. Dies trägt zu einer lockeren und luftigen Struktur des Striezels bei.

5 Nachdem der Teig aufgegangen ist, nehmen Sie ihn aus der Schüssel und legen Sie ihn auf eine leicht bemehlte Arbeitsfläche. Kneten Sie den Teig nochmals kurz durch und formen Sie ihn zu einem Strang.

6 Flechten Sie den Strang zu einer Zopfform und legen Sie ihn auf ein mit Backpapier ausgelegtes Backblech. Sie können den Striezel optional mit Rosinen bestücken und mit Mandelblättchen bestreuen, um ihm eine besondere Note zu geben.

7 Decken Sie den Striezel erneut ab und lassen Sie ihn für weitere 30 bis 45 Minuten ruhen. Während dieser Zeit kann der Teig nochmals aufgehen und seine Form weiterentwickeln.

8 Heizen Sie den Backofen auf 180 °C Umluft vor, damit er die richtige Temperatur erreicht. Sobald der Ofen heiß ist, geben Sie den Striezel in den vorgeheizten Ofen und lassen ihn für etwa 25 bis 30 Minuten backen. Der Striezel sollte eine goldbraune Farbe annehmen und beim Klopfen auf den Boden eine hohle Geräuschkulisse erzeugen.

9 Nehmen Sie den gebackenen Striezel aus dem Ofen und lassen Sie ihn auf einem Kuchengitter vollständig abkühlen. Dadurch wird er fester und lässt sich besser schneiden und servieren.

Tipp: Vor dem Servieren können Sie den Striezel mit Puderzucker bestäuben, um ihm eine zusätzliche süße Note zu verleihen.

MILCHREIS SÜDTIROLER ART

2 Port. | 1 Std. | Leicht

Zutaten

200 g Rundkornreis
1 Liter Milch
100 g Zucker
1 Prise Salz
1 Vanilleschote

Optional:
Zimt zum Bestreuen

Nährwerte p. P.

350 kcal
6 g Fett
67 g Kohlenhydrate
1 g Ballaststoffe
8 g Eiweiß

1 Um Ihren Südtiroler Milchreis zuzubereiten, sollten Sie den Rundkornreis gründlich abspülen. Dadurch entfernen Sie überschüssige Stärke, die den Reis klebrig machen kann.

2 Nehmen Sie einen Topf und bringen Sie die Milch zum Kochen. Geben Sie den Zucker und eine Prise Salz hinzu und rühren Sie gut um, bis sich der Zucker vollständig aufgelöst hat. Die Zugabe von Salz und Zucker verleiht dem Milchreis eine angenehme Süße und eine ausgewogene Geschmacksnote.

3 Nun ist es an der Zeit, die Vanilleschote vorzubereiten. Schneiden Sie die Schote längs auf und kratzen Sie das Mark mit einem Messerrücken heraus. Fügen Sie sowohl das Vanillemark als auch die leere Schote zur kochenden Milch hinzu. Durch die Zugabe von Vanille entsteht ein köstliches Aroma, das den Milchreis verfeinert.

4 Nehmen Sie den abgespülten Rundkornreis und geben Sie ihn in die kochende Milch. Reduzieren Sie die Hitze auf mittlere Stufe und lassen Sie den Reis unter gelegentlichem Rühren für etwa 30 bis 40 Minuten köcheln. In dieser Zeit wird der Reis allmählich weich und cremig. Achten Sie darauf, dass der Reis nicht anbrennt, indem Sie regelmäßig umrühren.

5 Sobald der Milchreis die gewünschte Konsistenz erreicht hat und der Reis weich und cremig ist, entfernen Sie die Vanilleschote aus der Mischung. Sie hat ihre Aromen an den Milchreis abgegeben und wird nun nicht mehr benötigt. Nehmen Sie den Topf vom Herd und lassen Sie den Milchreis kurz abkühlen.

6 Nun können Sie den Milchreis in Schüsseln oder Tassen portionieren. Streuen Sie eine Prise Zimt über den Milchreis, um ihm eine aromatische Note zu verleihen. Der Zimt rundet den Geschmack ab und verleiht dem Gericht eine angenehme Würze.

7 Sie haben die Wahl, den Südtiroler Milchreis warm zu servieren oder ihn abkühlen zu lassen und im Kühlschrank aufzubewahren. Gekühlter Milchreis ist eine erfrischende Option für warme Tage oder als Dessert für später.

KAISERSCHMARRN

2 Port. 35 Min. Leicht

Zutaten

250 g Mehl
4 Eier
250 ml Milch
50 g Zucker
1 Prise Salz
50 g Butter
Puderzucker zum Bestreuen

Optional:
Rosinen, Rum oder Zitronenabrieb für zusätzlichen Geschmack

Nährwerte p. P.

380 kcal
12 g Fett
57 g Kohlenhydrate
2 g Ballaststoffe
12 g Eiweiß

1 Trennen Sie die Eier und geben Sie das Eigelb in eine große Schüssel. Das Eiweiß beiseitestellen.

2 Geben Sie Mehl, Milch, Zucker und eine Prise Salz zu den Eigelben und verrühren Sie alles zu einem glatten Teig. Sie können auch Rosinen, Rum oder Zitronenabrieb hinzufügen, um dem Kaiserschmarrn zusätzlichen Geschmack zu verleihen. Lassen Sie den Teig etwa 20 Minuten ruhen. In einer separaten Schüssel schlagen Sie das Eiweiß steif.

3 Heizen Sie eine große Pfanne bei mittlerer Hitze vor und schmelzen Sie die Butter darin.

4 Geben Sie den steifen Eischnee zum Teig und heben Sie ihn vorsichtig unter, um eine luftige Konsistenz zu erreichen.

5 Gießen Sie den Teig in die Pfanne und braten Sie ihn auf einer Seite goldbraun. Zerteilen Sie den Kaiserschmarrn dann mithilfe von zwei Gabeln oder einem Pfannenwender in kleine Stücke. Braten Sie die Stücke auf allen Seiten, bis sie goldbraun und knusprig sind.

6 Nehmen Sie den Kaiserschmarrn aus der Pfanne und servieren Sie ihn auf einem Teller. Bestreuen Sie ihn großzügig mit Puderzucker.

7 Kaiserschmarrn wird traditionell mit Apfelmus oder Zwetschgenröster serviert. Sie können ihn auch mit frischen Beeren, Joghurt oder Vanillesauce genießen.

GERMKNÖDEL

6 Port. | 2 Std. | Leicht

Zutaten

Zutaten für den Teig:
500 g Mehl
1 Päckchen Trockenhefe (7 g)
250 ml lauwarme Milch
60 g Zucker
60 g weiche Butter
1 Prise Salz
1 Ei

Zutaten für die Füllung:
200 g Powidl (Pflaumenmus)
4 Stück Würfelzucker

Zutaten für die Vanillesauce:
500 ml Milch
3 Eigelbe
60 g Zucker
1 Vanilleschote
1 EL Speisestärke

Zutaten für die Mohn-Zucker-Mischung:
100 g Mohn
100 g Zucker

Nährwerte p. P.

320 kcal
8 g Fett
54 g Kohlenhydrate
2 g Ballaststoffe
7 g Eiweiß

1 In einer großen Schüssel mischen Sie das Mehl mit der Trockenhefe. Geben Sie Milch, Zucker, weiche Butter, Salz und das Ei hinzu. Kneten Sie alles gut, bis ein geschmeidiger Teig entsteht.

2 Decken Sie den Teig ab und lassen Sie ihn an einem warmen Ort etwa eine Stunde ruhen, bis er sein Volumen verdoppelt hat.

3 Währenddessen teilen Sie das Pflaumenmus in kleine Portionen und verstecken jeweils einen Würfelzucker darin.

4 Für die Vanillesauce erhitzen Sie die Milch in einem Topf, bringen sie aber nicht zum Kochen. Verquirlen Sie in einer Schüssel das Eigelb, den Zucker und die Speisestärke. Kratzen Sie das Mark der Vanilleschote aus und fügen Sie es der Eigelb-Zucker-Mischung hinzu.

5 Gießen Sie langsam die heiße Milch unter ständigem Rühren zur Eigelb-Mischung. Geben Sie die Mischung zurück in den Topf und lassen Sie sie bei niedriger Hitze unter ständigem Rühren eindicken. Nehmen Sie die Vanillesauce vom Herd und lassen Sie sie abkühlen.

6 Kneten Sie den aufgegangenen Teig auf einer leicht bemehlten Arbeitsfläche nochmals kurz durch und formen Sie ihn zu einer länglichen Rolle. Teilen Sie den Teig in 8 gleich große Stücke und drücken Sie jedes Stück flach.

7 Geben Sie in die Mitte jedes Teigstücks ein Stück Pflaumenmus und klappen Sie den Teig darüber zusammen. Verschließen Sie die Teigkugeln gut und legen Sie sie mit

der Naht nach unten auf ein mit Backpapier ausgelegtes Backblech.

8 Decken Sie das Backblech mit einem sauberen Geschirrtuch ab und geben Sie den Germknödeln etwa 30 Minuten Zeit, um nochmals aufzugehen.

9 In der Zwischenzeit heizen Sie den Backofen auf 180 °C Ober-/ Unterhitze vor.

10 Backen Sie die aufgegangenen Germknödel im vorgeheizten Ofen für etwa 15 bis 20 Minuten, bis sie goldbraun sind.

11 Während die Germknödel backen, rösten Sie den Mohn und den Zucker in einer Pfanne, bis der Mohn leicht duftet und der Zucker karamellisiert ist.

12 Nehmen Sie die frisch gebackenen Germknödel aus dem Ofen und bestreuen Sie sie mit der Mohn-Zucker-Mischung.

13 Servieren Sie die Germknödel mit der Vanillesauce und genießen Sie sie.

TIROLER APFELSTRUDEL

4 Port. | 1 Std. | Leicht

Zutaten

500 g Äpfel (vorzugsweise säuerliche Sorten wie Boskop oder Granny Smith)
100 g Rosinen
100 g Semmelbrösel
100 g Zucker
1 TL Zimt
Saft und Schale einer halben Zitrone
200 g Blätterteig (am besten frisch oder tiefgekühlt)
100 g geschmolzene Butter
Puderzucker zum Bestreuen

Nährwerte p. P.

360 kcal
18 g Fett
48 g Kohlenhydrate
3 g Ballaststoffe
4 g Eiweiß

1 Schälen Sie die Äpfel, entfernen Sie das Kerngehäuse und schneiden Sie sie in feine Scheiben. Geben Sie die Apfelscheiben in eine große Schüssel.

2 Fügen Sie die Rosinen, Semmelbrösel, Zucker, Zimt, Zitronensaft und Zitronenschale zu den Äpfeln hinzu. Mischen Sie alles gut, damit die Äpfel gleichmäßig mit den Gewürzen und Rosinen bedeckt sind. Lassen Sie die Mischung für etwa 15 Minuten ziehen.

3 Heizen Sie den Backofen auf 180 °C vor.

4 Rollen Sie den Blätterteig auf einer bemehlten Arbeitsfläche aus, bis er dünn ist. Bestreichen Sie den Teig großzügig mit der geschmolzenen Butter.

5 Verteilen Sie die Apfelfüllung gleichmäßig auf dem Teig, wobei Sie an den Rändern etwas Platz lassen. Rollen Sie den Teig vorsichtig von einer Seite her auf, um eine Strudelrolle zu formen.

6 Legen Sie den Apfelstrudel auf ein mit Backpapier ausgelegtes Backblech. Bestreichen Sie die Oberseite des Strudels mit der restlichen geschmolzenen Butter.

7 Backen Sie den Apfelstrudel für etwa 30 bis 35 Minuten, bis er goldbraun und knusprig ist.

8 Nehmen Sie den Apfelstrudel aus dem Ofen und lassen Sie ihn etwas abkühlen. Bestreuen Sie ihn vor dem Servieren großzügig mit Puderzucker.

9 Sie können den Apfelstrudel warm oder kalt servieren und nach Belieben mit einer Kugel Vanilleeis oder Schlagsahne garnieren.

QUARKKNÖDEL

4 Port. 1 Std. Leicht

Zutaten

500 g Quark
200 g Semmelbrösel
100 g Mehl
2 Eier
50 g Zucker
1 Prise Salz
1 TL Zitronenschale (gerieben)
Butter zum Anbraten
Semmelbrösel zum Wälzen
Puderzucker zum Bestreuen

Nährwerte p. P.

370 kcal
54 g Kohlenhydrate
10 g Fett
14 g Protein
3 g Ballaststoffe

1 In einer großen Schüssel vermischen Sie den Quark, die Semmelbrösel, das Mehl, die Eier, den Zucker, das Salz und die geriebene Zitronenschale gründlich miteinander, bis ein homogener Teig entsteht.

2 Decken Sie den Teig ab und lassen Sie ihn im Kühlschrank für mindestens 30 Minuten ruhen, damit er fester wird.

3 Bringen Sie in einem großen Topf reichlich Wasser zum Kochen und salzen Sie es.

4 Nehmen Sie den Teig aus dem Kühlschrank und formen Sie mit angefeuchteten Händen kleine Knödel.

5 Geben Sie die Knödel vorsichtig in das kochende Wasser und lassen Sie sie bei reduzierter Hitze etwa 10 bis 15 Minuten langsam köcheln, bis sie an der Oberfläche schwimmen und fest sind.

6 Währenddessen erhitzen Sie in einer Pfanne etwas Butter und rösten darin die Semmelbrösel goldbraun an.

7 Nehmen Sie die gekochten Knödel mit einem Schaumlöffel aus dem Wasser, lassen Sie sie gut abtropfen und wälzen Sie sie in den gerösteten Semmelbröseln, bis sie rundherum bedeckt sind.

8 Richten Sie die Quarkknödel auf einem Teller an, bestreuen Sie sie mit Puderzucker und servieren Sie sie nach Belieben mit frischen Früchten oder einer Beilage wie Kompott.

TOPFENSTRUDEL

2 Port. 50 Min. Leicht

Zutaten

200 g Topfen (Quark)
50 g Butter, geschmolzen
50 g Zucker
2 Eier
1 Päckchen Vanillezucker
1 Prise Salz
250 g Blätterteig (aus dem Kühlregal oder selbst gemacht)
50 g Semmelbrösel
Puderzucker zum Bestäuben

Nährwerte p. P.

280 kcal
26 g Kohlenhydrate
16 g Fett
7 g Eiweiß

1 In einer großen Schüssel den Topfen mit der geschmolzenen Butter, dem Zucker, den Eiern, dem Vanillezucker und einer Prise Salz vermengen. Rühren Sie die Zutaten gut um, bis eine gleichmäßige Masse entsteht. Stellen Sie sicher, dass alle Zutaten gut miteinander vermischt sind, um eine homogene Füllung zu erhalten.

2 Nehmen Sie den Blätterteig und legen Sie ihn auf eine bemehlte Arbeitsfläche. Verwenden Sie ein Nudelholz, um den Teig dünn und rechteckig auszurollen. Achten Sie darauf, dass der Teig nicht zu dünn wird, um ein Zerreißen beim Aufrollen zu vermeiden.

3 Verteilen Sie die Semmelbrösel gleichmäßig auf dem ausgerollten Teig, wobei Sie einen Rand von etwa 2 cm frei lassen. Die Semmelbrösel helfen, überschüssige Feuchtigkeit aufzusaugen und geben dem Topfenstrudel eine knusprige Textur.

4 Gleichmäßig verteilen Sie die Topfenmasse auf den Semmelbröseln. Verwenden Sie einen Löffel oder eine Teigkarte, um die Füllung gleichmäßig zu verteilen und sicherzustellen, dass der gesamte Teig bedeckt ist. Rollen Sie den Teig anschließend vorsichtig zu einem Strudel auf. Achten Sie darauf, dass die Füllung nicht herausquillt, während Sie den Strudel rollen.

5 Legen Sie den Strudel auf ein mit Backpapier ausgelegtes Backblech und schieben Sie es in den vorgeheizten Backofen. Backen Sie den Topfenstrudel bei 180 °C Umluft etwa 25 bis 30 Minuten lang, bis er eine goldbraune Farbe annimmt und knusprig wird.

6 Sobald der Topfenstrudel aus dem Ofen kommt, lassen Sie ihn auf dem Backblech abkühlen. Dies ermöglicht es dem Strudel, etwas fester zu werden und sich besser schneiden zu lassen. Bevor Sie den Topfenstrudel servieren, bestäuben Sie ihn großzügig mit Puderzucker, um ihm eine zusätzliche süße Note zu verleihen.

Tipp: Genießen Sie Ihren hausgemachten Topfenstrudel aus Südtirol! Er kann warm oder bei Raumtemperatur serviert werden und passt wunderbar zu einer Tasse Kaffee oder Tee. Guten Appetit!

SÜDTIROLER „MÜSLI"

2 Port. | 15 Min. | Leicht

Zutaten

200 g Haferflocken
100 g geröstete Mandeln, grob gehackt
100 g getrocknete Cranberrys
50 g Sonnenblumenkerne
50 g Leinsamen
50 g gehackte Haselnüsse
1 TL Zimt
Prise Salz
200 g Joghurt oder Milch (nach Belieben)
Frisches Obst zum Servieren (z. B. Beeren, Äpfel, Birnen)

Optional:
2 EL Ahornsirup oder Honig

Nährwerte p. P.

400 kcal
49 g Kohlenhydrate
18 g Fett
8 g Ballaststoffe
12 g Protei

1 In einer großen Schüssel vermischen Sie die Haferflocken, gehackten Mandeln, Cranberrys, Sonnenblumenkerne, Leinsamen und Haselnüsse.

2 Optional können Sie den Ahornsirup oder Honig, Zimt und eine Prise Salz hinzufügen und gut vermengen, um dem Müsli eine süße und würzige Note zu verleihen. Achten Sie darauf, dass alle Zutaten gut miteinander vermischt sind.

3 Bewahren Sie das Müsli in einem luftdichten Behälter auf, bis es serviert wird. Es bleibt mehrere Wochen frisch.

4 Zum Servieren übergießen Sie das Müsli mit Joghurt oder Milch und fügen nach Belieben frisches Obst wie Beeren, Äpfel oder Birnen hinzu.

PALABIRNENBROT

6 Port. | 1 Std. | Leicht

Zutaten

250 g Dinkelmehl
50 g Haferflocken
1 TL Backpulver
1 TL Zimt
½ TL gemahlene Nelken
¼ TL Salz
100 g Zucker
2 reife Birnen, geschält und grob gerieben
2 Eier
80 ml Rapsöl
80 ml Milch
50 g gehackte Walnüsse

Optional:
50 g Rosinen

Nährwerte p. P.

215 kcal
29 g Kohlenhydrate
9 g Fett
3 g Ballaststoffe
4 g Protein

1 Heizen Sie den Backofen auf 180 °C Umluft vor und Fetten Sie eine Kastenform oder legen Sie sie mit Backpapier aus.

2 In einer Schüssel das Dinkelmehl, die Haferflocken, das Backpulver, den Zimt, die gemahlenen Nelken und das Salz vermischen.

3 In einer separaten Schüssel den Zucker, die geriebenen Birnen, die Eier, das Rapsöl und die Milch verquirlen.

4 Die feuchten Zutaten zu den trockenen Zutaten geben und gut vermengen, bis ein Teig entsteht. Dabei die gehackten Walnüsse und die Rosinen (optional) unterrühren. Den Teig in die vorbereitete Kastenform gießen und glatt streichen.

5 Das Palabirnenbrot im vorgeheizten Ofen für ca. 45 bis 50 Minuten backen oder bis ein Zahnstocher, der in die Mitte gestochen wird, sauber herauskommt.

6 Das Brot aus dem Ofen nehmen und in der Form für etwa 10 Minuten abkühlen lassen. Anschließend das Brot aus der Form nehmen und vollständig auf einem Kuchengitter abkühlen lassen.

7 Sobald das Palabirnenbrot abgekühlt ist, in Scheiben schneiden und servieren.

Hinweis: Das Palabirnenbrot kann in einer luftdichten Verpackung aufbewahrt werden und hält sich mehrere Tage frisch.

Salate

VINSCHGERL-SALAT

4 Port. | 20 Min. | Leicht

Zutaten

150 g Vinschgerl-Brot
200 g grüne Blattsalate (z. B. Lollo Rosso, Rucola, Batavia)
100 g Speckwürfel
50 g Käse (z. B. Graukäse oder Bergkäse)
2 EL Essig
3 EL Olivenöl
Salz und Pfeffer nach Geschmack

Nährwerte p. P.

380 kcal
28 g Kohlenhydrate
24 g Fett
3 g Ballaststoffe
14 g Eiweiß

1 Schneiden Sie das Vinschgerl-Brot in dünne Scheiben und toasten Sie es oder rösten Sie es im Ofen, bis es knusprig ist. Stellen Sie es beiseite.

2 Waschen Sie die grünen Blattsalate gründlich und schleudern Sie sie trocken. Zupfen oder schneiden Sie sie je nach Größe in mundgerechte Stücke und geben Sie sie in eine große Salatschüssel.

3 Braten Sie den Speck in einer Pfanne ohne zusätzliches Fett knusprig. Lassen Sie ihn auf einem Küchenpapier abtropfen.

4 Schneiden Sie den Käse in kleine Würfel oder reiben Sie ihn grob.

5 Verrühren Sie in einer kleinen Schüssel Essig, Olivenöl, Salz und Pfeffer zu einem Dressing.

6 Verteilen Sie die gerösteten Vinschgerl-Scheiben über den grünen Blattsalaten. Streuen Sie die Speckwürfel und den Käse darüber.

7 Geben Sie das Dressing über den Salat und vermengen Sie alles vorsichtig, sodass alle Zutaten gut verteilt sind.

8 Servieren Sie den Vinschgerl-Salat sofort.

SCHLUTZKRAPFENSALAT

4 Port. 20 Min. Leicht

Zutaten

250 g Schlutzkrapfen (gekocht und abgekühlt)
200 g gemischter grüner Salat
100 g Radieschen (in dünne Scheiben geschnitten)
2 EL Olivenöl
1 EL Essig (z. B. Apfelessig oder Weißweinessig)
Salz und Pfeffer nach Geschmack

Nährwerte p. P.

340 kcal
34 g Kohlenhydrate
18 g Fett
5 g Ballaststoffe
8 g Eiweiß

1 Um den Schlutzkrapfensalat zuzubereiten, lassen Sie zuerst die gekochten Schlutzkrapfen abkühlen. Nachdem sie die gewünschte Temperatur erreicht haben, schneiden Sie sie in mundgerechte Stücke, um sie für den Salat vorzubereiten.

2 Als Nächstes nehmen Sie den gemischten grünen Salat und waschen ihn gründlich, um Schmutz und Unreinheiten zu entfernen. Trocknen Sie den Salat anschließend vorsichtig, um überschüssiges Wasser zu entfernen. Geben Sie den gewaschenen und getrockneten Salat in eine geeignete Salatschüssel, um die weiteren Zutaten hinzuzufügen.

3 Nun ist es an der Zeit, die Radieschen vorzubereiten. Schneiden Sie sie in dünne Scheiben, um sie dem Salat hinzuzufügen. Radieschen verleihen dem Salat einen frischen und würzigen Geschmack sowie eine knackige Textur.

4 In einer kleinen Schüssel mischen Sie das Olivenöl, den Essig, Salz und Pfeffer zusammen, um eine leckere Vinaigrette zuzubereiten. Rühren Sie die Zutaten gut um, bis sie sich zu einer gleichmäßigen Mischung verbunden haben. Diese Vinaigrette verleiht dem Salat eine köstliche und würzige Note.

5 Gießen Sie die zubereitete Vinaigrette über den Salat in der Salatschüssel. Achten Sie darauf, dass Sie die Vinaigrette gleichmäßig über alle Zutaten verteilen, um den Geschmack gleichmäßig zu verteilen und den Salat gut zu bedecken. Mischen Sie den Salat gründlich, um sicherzustellen, dass alle Zutaten mit der Vinaigrette umhüllt sind.

6 Nun können Sie den vorbereiteten Schlutzkrapfensalat auf Tellern anrichten.

LADINISCHER GEMÜSESALAT

4 Port. | 20 Min. | Leicht

Zutaten

200 g grüne Bohnen (geputzt und halbiert)
200 g Spargel (holzige Enden entfernt und in Stücke geschnitten)
200 g Zucchini (in dünne Scheiben geschnitten)
Je 1 rote und gelbe Paprika (entkernt und in Streifen geschnitten)
1 kleine Zwiebel (fein gehackt)
2 EL Olivenöl
2 EL Balsamico-Essig
1 TL Senf
Salz und Pfeffer nach Geschmack

Nährwerte p. P.

180 kcal
17 g Kohlenhydrate
11 g Fett
6 g Ballaststoffe
5 g Eiweiß

1 Bringen Sie einen Topf mit Wasser zum Kochen. Fügen Sie die grünen Bohnen hinzu und kochen Sie sie für ca. 4 bis 5 Minuten, bis sie bissfest sind. Gießen Sie die Bohnen ab und tauchen Sie sie in eine Schüssel mit Eiswasser, um den Garprozess zu stoppen. Abtropfen lassen und beiseitestellen.

2 In einem separaten Topf Wasser zum Kochen bringen. Fügen Sie den Spargel hinzu und kochen Sie ihn für ca. 3 bis 4 Minuten, bis er zart ist. Gießen Sie den Spargel ab und tauchen Sie ihn in Eiswasser. Abtropfen lassen und beiseitestellen.

3 Eine Grillpfanne bei mittlerer Hitze erhitzen. Geben Sie die Zucchinischeiben, die roten und gelben Paprikastreifen in die Pfanne und grillen Sie sie für etwa 3 bis 4 Minuten pro Seite, bis sie eine leichte Grillmarkierung aufweisen. Aus der Pfanne nehmen und beiseitestellen.

4 In einer kleinen Schüssel das Olivenöl, den Balsamico-Essig, den Senf, Salz und Pfeffer zu einer Vinaigrette verrühren.

5 In einer großen Schüssel die vorbereiteten grünen Bohnen, Spargel, Zucchinischeiben, Paprikastreifen und die gehackte Zwiebel vermischen. Die Vinaigrette über das Gemüse gießen und vorsichtig vermengen, um alle Zutaten gut zu bedecken.

6 Den ladinischen Gemüsesalat auf Serviertellern anrichten und servieren.

SÜDTIROLER RADICCHIOSALAT

4 Port. 30 Min. Leicht

Zutaten

2 Köpfe Radicchio (in Streifen geschnitten)
50 g Walnüsse (gehackt)
2 EL Olivenöl
1 EL Balsamico-Essig
Salz und Pfeffer nach Geschmack

Optional:
100 g Speckwürfel

Nährwerte p. P.

220 kcal
7 g Kohlenhydrate
19 g Fett
2 g Ballaststoffe
6 g Eiweiß

1 Um den Südtiroler Radicchiosalat zuzubereiten, sollten Sie zunächst den Radicchio gründlich waschen, um Schmutz oder andere Verunreinigungen zu entfernen. Tupfen Sie ihn anschließend trocken. Entfernen Sie die äußeren Blätter des Radicchio und schneiden Sie die Köpfe in feine Streifen. Legen Sie den vorbereiteten Radicchio beiseite.

2 Falls Sie Speck verwenden möchten, erhitzen Sie eine Pfanne bei mittlerer Hitze und braten Sie die Speckwürfel darin an, bis sie knusprig sind. Sobald der Speck die gewünschte Knusprigkeit erreicht hat, nehmen Sie ihn aus der Pfanne und legen Sie ihn auf Küchenpapier, um überschüssiges Fett abtropfen zu lassen.

3 In einer kleinen Schüssel verrühren Sie das Olivenöl, den Balsamico-Essig, Salz und Pfeffer zu einer Vinaigrette. Rühren Sie die Zutaten gut um, bis sie sich zu einer homogenen Mischung verbunden haben. Die Vinaigrette verleiht dem Salat eine köstliche und würzige Note.

4 Geben Sie den vorbereiteten Radicchio in eine große Schüssel. Gießen Sie die zubereitete Vinaigrette über den Radicchio und mischen Sie alles gründlich, um sicherzustellen, dass der Salat gleichmäßig mit der Vinaigrette bedeckt ist. Durch das gründliche Vermengen werden die Aromen gut verteilt und der Salat erhält einen ausgewogenen Geschmack.

5 Wenn Sie Speck verwenden möchten, fügen Sie die knusprigen Speckwürfel und die gehackten Walnüsse zum Salat hinzu. Mischen Sie sie vorsichtig unter, um den Salat mit den zusätzlichen Aromen zu bereichern. Die Kombination aus dem würzigen Speck und dem nussigen Geschmack der Walnüsse verleiht dem Salat eine besondere Note.

ERDÄPFELSALAT – KARTOFFELSALAT SÜDTIROLER ART

4 Port. | 1 Std. | Leicht

Zutaten

500 g Kartoffeln (festkochend)
1 Zwiebel (fein gehackt)
100 g Speckwürfel
2 EL Essig
4 EL Olivenöl
1 TL Senf
Salz und Pfeffer nach Geschmack
2 EL gehackte Petersilie

Nährwerte p. P.

280 kcal
25 g Kohlenhydrate
18 g Fett
3 g Ballaststoffe
5 g Eiweiß

1 Waschen Sie die Kartoffeln gründlich und kochen Sie sie in einem Topf mit gesalzenem Wasser, bis sie gar sind. Die Garzeit variiert je nach Größe der Kartoffeln, aber es dauert in der Regel etwa 15 bis 20 Minuten. Überprüfen Sie die Kartoffeln mit einer Gabel, um festzustellen, ob sie weich genug sind. Gießen Sie die Kartoffeln ab und lassen Sie sie etwas abkühlen.

2 Sobald die Kartoffeln abgekühlt sind, schälen Sie sie und schneiden Sie sie in Scheiben oder Würfel, je nach Vorlieben. Geben Sie die geschnittenen Kartoffeln in eine große Schüssel.

3 In einer Pfanne braten Sie die Speckwürfel bei mittlerer Hitze knusprig an. Sobald der Speck knusprig ist, nehmen Sie ihn aus der Pfanne und legen ihn auf Küchenpapier, um überschüssiges Fett abtropfen zu lassen.

4 In einer kleinen Schüssel mischen Sie den Essig, Olivenöl, Senf, Salz und Pfeffer zu einer Dressing-Mischung. Rühren Sie die Zutaten gut um, bis sie sich zu einer homogenen Vinaigrette verbunden haben.

5 Geben Sie die gehackte Zwiebel, den knusprigen Speck und die Vinaigrette zu den Kartoffeln in der großen Schüssel. Mischen Sie alles gut durch, um sicherzustellen, dass die Kartoffeln und die anderen Zutaten gleichmäßig mit dem Dressing überzogen sind.

6 Lassen Sie den Kartoffelsalat für mindestens 30 Minuten im Kühlschrank ziehen, damit sich die Aromen gut entfalten können.

7 Vor dem Servieren bestreuen Sie den Kartoffelsalat mit gehackter Petersilie, um ihm eine frische Note zu verleihen.

SPECK-NUDEL-SALAT

4 Port. 1 Std. Leicht

Zutaten

250 g Nudeln (z. B. Penne oder Fusilli)
150 g Speckwürfel
1 rote Paprika (gewürfelt)
1 gelbe Paprika (gewürfelt)
1 Zwiebel (fein gehackt)
100 g Kirschtomaten (halbiert)
2 EL gehackte Petersilie
3 EL Olivenöl
2 EL Weißweinessig
1 TL Dijon-Senf
Salz und Pfeffer nach Geschmack

Nährwerte p. P.

360 kcal
37 g Kohlenhydrate
17 g Fett
4 g Ballaststoffe
13 g Eiweiß

1 Kochen Sie die Nudeln gemäß den Anweisungen auf der Verpackung al dente. Gießen Sie sie anschließend ab und spülen Sie sie kurz mit kaltem Wasser ab, um das Abkühlen zu beschleunigen. Geben Sie die abgekühlten Nudeln in eine große Schüssel.

2 In einer Pfanne braten Sie die Speckwürfel bei mittlerer Hitze knusprig an. Sobald der Speck knusprig ist, nehmen Sie ihn aus der Pfanne und legen ihn auf Küchenpapier, um überschüssiges Fett abtropfen zu lassen.

3 Geben Sie die gewürfelten Paprikaschoten, die gehackte Zwiebel, die halbierten Kirschtomaten und die gehackte Petersilie zu den Nudeln in der Schüssel.

4 In einer kleinen Schüssel mischen Sie das Olivenöl, den Weißweinessig, den Dijon-Senf, Salz und Pfeffer zu einer Dressing-Mischung. Rühren Sie die Zutaten gut um, bis sie sich zu einer homogenen Vinaigrette verbunden haben.

5 Gießen Sie das Dressing über den Nudelsalat und mischen Sie alles gründlich, um sicherzustellen, dass die Zutaten gleichmäßig mit dem Dressing überzogen sind.

6 Lassen Sie den Nudelsalat für mindestens 30 Minuten im Kühlschrank ziehen, damit sich die Aromen gut entfalten können.

7 Vor dem Servieren garnieren Sie den Salat mit den knusprigen Speckwürfeln.

PANZANELLA – BROTSALAT

4 Port. | 40 Min. | Leicht

Zutaten

4 Scheiben altbackenes Brot (z. B. Ciabatta), in Würfel geschnitten
4 reife Tomaten, gewürfelt
1 kleine Zwiebel, fein gehackt
1 Gurke, geschält und gewürfelt
1 Paprika (rot oder gelb), gewürfelt
1 Handvoll Basilikumblätter, gehackt
2 Knoblauchzehen, fein gehackt
3 EL Olivenöl
2 EL Balsamico-Essig
Salz und Pfeffer nach Geschmack

Nährwerte p. P.

280 kcal
38 g Kohlenhydrate
10 g Fett
6 g Ballaststoffe
8 g Protein

1 Sie können die Brotwürfel in eine große Schüssel geben und beiseitestellen.

2 In einer Pfanne sollten Sie einen Esslöffel Olivenöl erhitzen und den gehackten Knoblauch darin anbraten, bis er duftet. Nehmen Sie dann die Pfanne vom Herd und lassen Sie den Knoblauch abkühlen.

3 Anschließend sollten Sie die gewürfelten Tomaten, Zwiebeln, Gurken, Paprika und Basilikum zu den Brotwürfeln in die Schüssel geben.

4 In einer kleinen Schüssel können Sie das restliche Olivenöl, Balsamico-Essig, Salz und Pfeffer vermischen. Fügen Sie den abgekühlten Knoblauch hinzu und rühren Sie alles gut um.

5 Gießen Sie die Dressing-Mischung über den Salat und vermengen Sie alles vorsichtig, sodass das Brot die Flüssigkeit aufnehmen kann.

6 Lassen Sie den Salat etwa 20 bis 30 Minuten ziehen, damit das Brot weich wird und sich die Aromen gut entfalten können.

7 Bevor Sie den Panzanella-Salat servieren, sollten Sie ihn nochmals durchmischen und nach Bedarf mit Salz und Pfeffer abschmecken.

Suppen und Eintöpfe

GERSTENSUPPE

2 Port. | 1 Std. | Leicht

Zutaten

100 g Perlgraupen
1 Zwiebel, gewürfelt
2 Karotten, gewürfelt
2 Selleriestangen, gewürfelt
100 g Speck, gewürfelt
1 Knoblauchzehe, gehackt
1 Liter Gemüsebrühe
2 EL Olivenöl
Salz und Pfeffer nach Geschmack

Optional:
frische Kräuter zum Garnieren (z. B. Petersilie)

Nährwerte p. P.

300 kcal
40 g Kohlenhydrate
10 g Fett
10 g Ballaststoffe
10 g Eiweiß

1 Kochen Sie die Perlgraupen gemäß den Anweisungen auf der Verpackung, bis sie weich sind. Gießen Sie sie ab und stellen Sie sie beiseite.

2 Erhitzen Sie in einem großen Topf das Olivenöl und braten Sie den Speck darin an, bis er leicht knusprig ist.

3 Fügen Sie Zwiebeln, Karotten, Sellerie und Knoblauch hinzu und schwitzen Sie sie etwa 5 bis 7 Minuten lang an, bis das Gemüse weich wird.

4 Geben Sie die gekochten Perlgraupen in den Topf und rühren Sie sie gut um, um sie mit dem Gemüse und dem Speck zu vermischen.

5 Fügen Sie die Gemüsebrühe hinzu und bringen Sie die Suppe zum Kochen. Reduzieren Sie die Hitze und lassen Sie die Suppe für etwa 30 bis 40 Minuten köcheln, damit sich die Aromen gut entwickeln können.

6 Schmecken Sie die Suppe mit Salz und Pfeffer ab und fügen Sie nach Bedarf weitere Gewürze hinzu.

7 Servieren Sie die Gerstensuppe heiß und garnieren Sie sie nach Belieben mit frischen Kräutern.

KNÖDELSUPPE

2 Port. | 40 Min. | Leicht

Zutaten

2 Scheiben altbackenes Brot
250 ml Milch
1 Zwiebel, fein gehackt
2 EL Butter
2 Eier
2 EL frische Petersilie, gehackt
Salz und Pfeffer nach Geschmack
1 Liter Gemüsebrühe

Optional:
geriebener Parmesan zum Garnieren

Nährwerte p. P.

250 kcal
30 g Kohlenhydrate
10 g Fett
2 g Ballaststoffe
8 g Eiweiß

1 Schneiden Sie das altbackene Brot in kleine Würfel und geben Sie sie in eine Schüssel. Erhitzen Sie die Milch und gießen Sie sie über die Brotwürfel. Lassen Sie sie etwa 10 Minuten lang einweichen.

2 Erhitzen Sie in einer Pfanne die Butter und braten Sie die gehackte Zwiebel darin goldbraun an.

3 Drücken Sie die eingeweichten Brotwürfel gut aus und geben Sie sie in eine große Schüssel. Fügen Sie die angebratene Zwiebel, Eier, gehackte Petersilie, Salz und Pfeffer hinzu. Vermischen Sie alles gut, bis eine gleichmäßige Masse entsteht.

4 Formen Sie aus der Masse kleine Knödel und stellen Sie sie beiseite.

5 Bringen Sie in einem großen Topf die Gemüsebrühe zum Kochen. Geben Sie die Knödel vorsichtig in die kochende Brühe und reduzieren Sie die Hitze auf mittlere Stufe. Lassen Sie die Suppe für etwa 15 bis 20 Minuten köcheln, bis die Knödel durchgegart sind.

6 Servieren Sie die Südtiroler Knödelsuppe heiß und garnieren Sie sie nach Belieben mit geriebenem Parmesan.

GRAUKASSUPPE

2 Port. | 50 Min. | Leicht

Zutaten

200 g Graukäse (alternativ: Sauermilchkäse)
1 Zwiebel, fein gehackt
2 Kartoffeln, geschält und gewürfelt
1 Karotte, geschält und gewürfelt
1 Selleriestange, gewürfelt
1 Liter Gemüsebrühe
2 EL Butter
2 EL Mehl
200 ml Sahne
Salz und Pfeffer nach Geschmack

Optional:
frische Kräuter zum Garnieren (z. B. Schnittlauch oder Petersilie)

Nährwerte p. P.

250 kcal
30 g Kohlenhydrate
10 g Fett
2 g Ballaststoffe
8 g Eiweiß

1 Reiben Sie den Graukäse grob und stellen Sie ihn beiseite. Erhitzen Sie in einem großen Topf die Butter und dünsten Sie die gehackte Zwiebel darin glasig.

2 Fügen Sie die gewürfelten Kartoffeln, Karotten und Sellerie hinzu. Braten Sie das Gemüse unter gelegentlichem Rühren für etwa 5 Minuten an, bis es leicht gebräunt ist.

3 Geben Sie das Mehl hinzu und rühren Sie gut um, um eine Mehlschwitze zu bilden.

4 Gießen Sie langsam die Gemüsebrühe ein und rühren Sie kontinuierlich, um Klumpen zu vermeiden. Bringen Sie die Suppe zum Kochen und lassen Sie sie für etwa 15 bis 20 Minuten köcheln, bis das Gemüse weich ist.

5 Reduzieren Sie die Hitze und fügen Sie den geriebenen Graukäse hinzu. Rühren Sie, bis der Käse geschmolzen ist und sich gut mit der Suppe vermischt.

6 Gießen Sie die Sahne ein und rühren Sie sie gut um. Lassen Sie die Suppe für weitere 5 Minuten köcheln und würzen Sie sie mit Salz und Pfeffer nach Geschmack.

7 Servieren Sie die Graukassuppe heiß und garnieren Sie sie nach Belieben mit frischen Kräutern.

LEBERKNÖDELSUPPE

4 Port. | 40 Min. | Leicht

Zutaten

Zutaten für die Leberknödel:
200 g Leber (z. B. Kalbsleber)
1 Zwiebel, fein gehackt
2 EL Butter
100 g altbackenes Brot
100 ml Milch
1 Ei
2 EL frische Petersilie, gehackt
Salz und Pfeffer nach Geschmack

Zutaten für die Suppe:
1 Liter Rinderbrühe
1 Karotte, in Scheiben geschnitten
1 Selleriestange, in Scheiben geschnitten
1 Lauchstange, in Ringe geschnitten

Optional:
frische Kräuter zum Garnieren (z. B. Schnittlauch oder Petersilie)

Nährwerte p. P.

350 kcal
25 g Kohlenhydrate
20 g Fett
4 g Ballaststoffe
20 g Eiweiß

1 Waschen Sie die Leber gründlich, tupfen Sie sie trocken und schneiden Sie sie in kleine Stücke. Erhitzen Sie in einer Pfanne die Butter und dünsten Sie die gehackte Zwiebel darin glasig. Fügen Sie die Leberstücke hinzu und braten Sie sie gut durch, bis sie keine rohen Stellen mehr aufweisen.

2 Schneiden Sie das altbackene Brot in kleine Würfel und geben Sie sie in eine Schüssel. Erhitzen Sie die Milch und gießen Sie sie über die Brotwürfel. Lassen Sie sie für etwa 10 Minuten einweichen.

3 Drücken Sie das eingeweichte Brot gut aus und geben Sie es zusammen mit der gebratenen Leber, den Zwiebeln, dem Ei, der gehackten Petersilie, Salz und Pfeffer in einen Mixer. Mixen Sie die Zutaten, bis eine gleichmäßige Masse entsteht.

4 Formen Sie aus der Masse kleine Knödel und stellen Sie sie beiseite.

5 Bringen Sie in einem großen Topf die Rinderbrühe zum Kochen. Fügen Sie die geschnittenen Karotten, Sellerie und Lauch hinzu. Lassen Sie die Suppe für etwa 10 Minuten köcheln, bis das Gemüse weich ist.

6 Geben Sie die Leberknödel vorsichtig in die kochende Brühe und lassen Sie sie für weitere 10 Minuten köcheln, bis sie durchgegart sind.

7 Servieren Sie die Leberknödelsuppe heiß und garnieren Sie sie nach Belieben mit frischen Kräutern.

TIROLER SPECKSUPPE

4 Port. 40 Min. Leicht

Zutaten

200 g Tiroler Speck, gewürfelt
1 Zwiebel, gehackt
2 Karotten, gewürfelt
2 Selleriestangen, gewürfelt
2 Kartoffeln, gewürfelt
1 Liter Gemüsebrühe
200 ml Sahne
Salz und Pfeffer nach Geschmack

Optional:
Frische Kräuter zum Garnieren

Nährwerte p. P.

300 kcal
15 g Kohlenhydrate
25 g Fett
4 g Ballaststoffe
10 g Eiweiß

1 Erhitzen Sie in einem großen Topf bei mittlerer Hitze den gewürfelten Speck, bis er knusprig ist und das Fett freisetzt.

2 Fügen Sie die gehackte Zwiebel hinzu und braten Sie sie zusammen mit dem Speck an, bis sie glasig wird.

3 Geben Sie die gewürfelten Karotten, Selleriestangen und Kartoffeln in den Topf und vermischen Sie sie gut mit dem Speck und der Zwiebel. Braten Sie das Gemüse für etwa 5 Minuten an, bis es leicht anbräunt.

4 Gießen Sie die Gemüsebrühe in den Topf und bringen Sie sie zum Kochen. Reduzieren Sie die Hitze und lassen Sie die Suppe für etwa 15 bis 20 Minuten köcheln, bis das Gemüse weich ist und sich die Aromen gut entwickelt haben.

5 Nehmen Sie den Topf vom Herd und pürieren Sie die Suppe mit einem Stabmixer oder in einem Standmixer, bis sie eine glatte Konsistenz hat. Wenn Sie möchten, können Sie einen Teil der Suppe ungemixt lassen, um eine leicht stückige Textur zu erhalten.

6 Geben Sie die Sahne zur Suppe hinzu und rühren Sie sie gut um. Erhitzen Sie die Suppe noch einmal, bringen Sie sie jedoch nicht zum Kochen. Würzen Sie die Suppe mit Salz und Pfeffer nach Ihrem Geschmack.

7 Servieren Sie die Specksuppe heiß und garnieren Sie sie nach Belieben mit frischen Kräutern.

SCHLUTZKRAPFEN-EINTOPF

4 Port. | 40 Min. | Leicht

Zutaten

250 g Schlutzkrapfen (gefroren oder frisch)
1 Zwiebel, gehackt
2 Knoblauchzehen, gehackt
2 Karotten, gewürfelt
2 Selleriestangen, gewürfelt
200 g Spinat, gehackt
1 Liter Gemüsebrühe
2 EL Olivenöl
Salz und Pfeffer nach Geschmack

Optional:
Parmesan oder geriebener Bergkäse zum Garnieren

Nährwerte p. P.

350 kcal
45 g Kohlenhydrate
12 g Fett
8 g Ballaststoffe
12 g Protein

1 In einem großen Topf erhitzen Sie das Olivenöl bei mittlerer Hitze. Geben Sie die gehackte Zwiebel hinzu und dünsten Sie sie glasig. Fügen Sie dann den gehackten Knoblauch hinzu und braten Sie ihn kurz mit, bis er duftet.

2 Geben Sie die gewürfelten Karotten und Selleriestangen in den Topf. Braten Sie sie für etwa 5 Minuten an, bis sie etwas weicher werden und leicht gebräunt sind. Rühren Sie gelegentlich um, um sicherzustellen, dass sie gleichmäßig gegart werden.

3 Fügen Sie den gehackten Spinat hinzu und braten Sie ihn kurz an, bis er zusammenfällt. Der Spinat sollte in wenigen Minuten weich werden. Mischen Sie ihn gut mit den anderen Zutaten im Topf.

4 Gießen Sie die Gemüsebrühe in den Topf und bringen Sie sie zum Kochen. Sobald die Brühe kocht, reduzieren Sie die Hitze auf mittlere Stufe und lassen die Suppe für etwa 10 Minuten sanft köcheln, damit sich die Aromen der Zutaten verbinden können.

5 Fügen Sie die Schlutzkrapfen in den Topf hinzu. Kochen Sie sie gemäß den Anweisungen auf der Verpackung, bis sie al dente sind. Dies kann je nach Art der Schlutzkrapfen und ihrer Dicke variieren.

6 Sobald die Schlutzkrapfen al dente sind, würzen Sie den Eintopf mit Salz und Pfeffer nach Geschmack. Beachten Sie jedoch, dass die Schlutzkrapfen bereits gewürzt sein könnten. Probieren Sie daher die Suppe, bevor Sie zusätzliches Salz hinzufügen.

7 Servieren Sie den Schlutzkrapfen-Eintopf heiß. Sie können ihn nach Belieben mit geriebenem Parmesan oder geriebenem Bergkäse garnieren, um ihm einen zusätzlichen Geschmack zu verleihen. Frische Kräuter wie Petersilie oder Schnittlauch passen ebenfalls gut als Garnitur.

WURZELSUPPE

4 Port. | 1 Std. | Leicht

Zutaten

500 g gemischtes Wurzelgemüse (Kartoffeln, Pastinaken, Sellerie, Möhren)
1 Zwiebel, gehackt
2 Knoblauchzehen, gehackt
2 EL Olivenöl
1 Liter Gemüsebrühe
200 ml Sahne
Salz und Pfeffer nach Geschmack
Frische Kräuter zum Garnieren (z. B. Petersilie)

Nährwerte p. P.

250 kcal
30 g Kohlenhydrate
12 g Fett
5 g Ballaststoffe
4 g Eiweiß

1 Schälen Sie das Wurzelgemüse und schneiden Sie es in kleine Würfel oder Scheiben. In einem großen Topf erhitzen Sie das Olivenöl bei mittlerer Hitze. Fügen Sie die gehackte Zwiebel und den Knoblauch hinzu und dünsten Sie sie glasig.

2 Geben Sie das geschnittene Wurzelgemüse in den Topf und braten Sie es für etwa 5 Minuten an, bis es leicht gebräunt ist und etwas weicher wird.

3 Gießen Sie die Gemüsebrühe in den Topf und bringen Sie sie zum Kochen. Reduzieren Sie die Hitze und lassen Sie die Suppe für etwa 20 bis 25 Minuten köcheln, bis das Wurzelgemüse weich ist.

4 Nehmen Sie den Topf vom Herd und pürieren Sie die Suppe mit einem Stabmixer oder in einem Standmixer, bis sie eine glatte Konsistenz erreicht hat. Wenn Sie möchten, können Sie auch eine grobe Textur beibehalten, indem Sie nur einen Teil der Suppe pürieren.

5 Geben Sie die Sahne zur Suppe hinzu und rühren Sie sie gut um. Erhitzen Sie die Suppe erneut, aber bringen Sie sie nicht zum Kochen. Würzen Sie sie mit Salz und Pfeffer nach Geschmack.

6 Servieren Sie die Wurzelsuppe heiß und garnieren Sie sie nach Belieben mit frischen Kräutern, wie zum Beispiel gehackter Petersilie.

SÜDTIROLER LINSENSUPPE

4 Port. | 1 Std. | Leicht

Zutaten

250 g braune oder grüne Linsen
1 Zwiebel, gehackt
2 Karotten, gewürfelt
2 Selleriestangen, gewürfelt
2 Knoblauchzehen, gehackt
100 g Speck, gewürfelt
1 Lorbeerblatt
1 TL getrockneter Thymian
1 Liter Gemüsebrühe
Salz und Pfeffer nach Geschmack
Olivenöl zum Braten
Frische Petersilie zum Garnieren

Nährwerte p. P.

320 kcal
46 g Kohlenhydrate
7 g Fett
15 g Ballaststoffe
19 g Protein

1 Die Linsen gründlich abspülen und in einem Sieb abtropfen lassen, um mögliche Schmutzpartikel zu entfernen.

2 In einem großen Topf etwas Olivenöl erhitzen und den Speck darin bei mittlerer Hitze anbraten, bis er leicht knusprig wird und das Fett freisetzt. Dies verleiht der Suppe ein würziges Aroma.

3 Die gehackte Zwiebel und den gehackten Knoblauch zum Speck geben und für einige Minuten anschwitzen, bis sie glasig und duftend sind. Rühren Sie gelegentlich um, um ein Anbrennen zu vermeiden.

4 Fügen Sie die gewürfelten Karotten und Selleriestangen zu den Zwiebeln und dem Knoblauch hinzu. Braten Sie das Gemüse für etwa 5 Minuten an, bis es leicht weicher wird und etwas Farbe annimmt. Dies hilft, die Aromen zu intensivieren.

5 Geben Sie die abgetropften Linsen, das Lorbeerblatt und den getrockneten Thymian in den Topf. Vermischen Sie alles gut, um die Zutaten gleichmäßig zu verteilen und die Aromen zu kombinieren.

6 Gießen Sie die Gemüsebrühe in den Topf und bringen Sie sie zum Kochen. Sobald die Suppe kocht, reduzieren Sie die Hitze auf niedrig, decken Sie den Topf ab und lassen Sie die Suppe für etwa 30 bis 40 Minuten köcheln. Dadurch haben die Linsen genügend Zeit, um weich zu werden und die Aromen der Zutaten zu absorbieren. Rühren Sie gelegentlich um, um sicherzustellen, dass nichts anbrennt.

7 Nach der Kochzeit sollten die Linsen weich sein und sich die Aromen gut entwickelt haben. Probieren Sie die Suppe und schmecken Sie mit Salz und Pfeffer ab. Sie können auch nach Bedarf weitere Gewürze hinzufügen, um den Geschmack zu intensivieren.

8 Servieren Sie die Linsensuppe heiß in Suppenschalen. Sie können die Suppe nach Belieben mit frischer Petersilie garnieren, um einen frischen und würzigen Geschmack hinzuzufügen. Genießen Sie die Südtiroler Linsensuppe als herzhaften und wärmenden Eintopf.

WEIẞER BOHNEN-EINTOPF

4 Port. | 3 Std. | Leicht

Zutaten

250 g getrocknete weiße Bohnen
2 EL Olivenöl
150 g Speck, gewürfelt
1 Zwiebel, gehackt
2 Karotten, gewürfelt
2 Selleriestangen, gewürfelt
2 Knoblauchzehen, gehackt
1 Lorbeerblatt
1 TL getrockneter Thymian
1 Liter Gemüsebrühe
Salz und Pfeffer nach Geschmack
2 EL gehackte Petersilie zum Garnieren

Nährwerte p. P.

350 kcal
44 g Kohlenhydrate
11 g Fett
11 g Ballaststoffe
18 g Protein

1 Sie sollten die getrockneten weißen Bohnen gründlich abspülen und über Nacht in reichlich Wasser einweichen lassen.

2 Am nächsten Tag gießen Sie das Einweichwasser ab und bedecken die Bohnen in einem großen Topf mit frischem Wasser. Bringen Sie die Bohnen zum Kochen und lassen Sie sie dann bei mittlerer Hitze köcheln, bis sie weich sind. Dies dauert normalerweise 1 bis 2 Stunden, je nach Größe und Frische der Bohnen. Gießen Sie sie danach ab und stellen Sie sie beiseite.

3 Erhitzen Sie in einem großen Topf das Olivenöl und braten Sie den gewürfelten Speck darin an, bis er leicht knusprig ist und das Fett freisetzt.

4 Fügen Sie die gehackte Zwiebel hinzu und dünsten Sie sie glasig. Geben Sie dann die gewürfelten Karotten, Selleriestangen und gehackten Knoblauchzehen in den Topf. Braten Sie alles zusammen für etwa 5 Minuten an, bis das Gemüse etwas weicher wird.

5 Geben Sie das Lorbeerblatt, den getrockneten Thymian und die abgetropften weißen Bohnen in den Topf. Rühren Sie gut um, um alle Zutaten zu vermischen.

6 Gießen Sie die Gemüsebrühe in den Topf und bringen Sie sie zum Kochen. Reduzieren Sie die Hitze und lassen Sie den Eintopf abgedeckt für etwa 30 bis 40 Minuten köcheln, damit sich die Aromen gut entfalten können. Vergessen Sie nicht, gelegentlich umzurühren, um sicherzustellen, dass nichts anbrennt.

7 Schmecken Sie den Eintopf nach Belieben mit Salz und Pfeffer ab. Beachten Sie jedoch, dass der Speck bereits salzig ist, daher sollten Sie vorsichtig sein, wie viel zusätzliches Salz Sie hinzufügen.

8 Servieren Sie den Südtiroler Eintopf mit weißen Bohnen heiß in Suppenschalen. Nach Wunsch können Sie ihn mit gehackter Petersilie garnieren, um einen frischen Geschmack und zusätzliche Farbe hinzuzufügen.

GULASCH NACH SÜDTIROLER ART

4 Port. 2 Std. Leicht

Zutaten

500 g Rindfleisch (z. B. Rindergulasch)
2 Zwiebeln
2 Knoblauchzehen
2 Paprikaschoten (rot und grün)
2 EL Olivenöl
2 EL Paprikapulver (edelsüß)
1 EL Tomatenmark
500 ml Rinderbrühe
Salz und Pfeffer nach Geschmack

Optional:
1 EL Mehl zum Binden der Soße
1 Lorbeerblatt und 1 TL Kümmel für zusätzlichen Geschmack

Nährwerte p. P.

500 kcal
15 g Kohlenhydrate
35 g Fett
35 g Protein

1 Das Rindfleisch in etwa 2 cm große Würfel schneiden. Die Zwiebeln und den Knoblauch schälen und fein hacken. Die Paprikaschoten entkernen und in Streifen schneiden.

2 In einem großen Topf das Olivenöl erhitzen und das Rindfleisch darin portionsweise anbraten, bis es rundherum braun ist. Nehmen Sie das Fleisch aus dem Topf und stellen Sie es beiseite.

3 Fügen Sie die gehackten Zwiebeln und Knoblauchzehen zum Topf hinzu und dünsten Sie sie glasig. Geben Sie dann die Paprikaschoten hinzu und braten Sie sie für einige Minuten an.

4 Fügen Sie das Paprikapulver und das Tomatenmark hinzu und rühren Sie gut um, um alle Zutaten zu vermischen. Lassen Sie es kurz anrösten, um das Aroma zu intensivieren.

5 Geben Sie das angebratene Fleisch zurück in den Topf und gießen Sie die Rinderbrühe ein. Optional können Sie auch ein Lorbeerblatt und Kümmel hinzufügen, um zusätzlichen Geschmack zu erzeugen. Bringen Sie die Mischung zum Kochen, reduzieren Sie dann die Hitze, decken Sie den Topf ab und lassen Sie das Gulasch für 1,5 bis 2 Stunden köcheln, bis das Fleisch zart ist. Gelegentlich umrühren.

6 Nach Bedarf können Sie die Soße mit Salz und Pfeffer abschmecken. Wenn Sie die Soße etwas dicker wünschen, können Sie einen Esslöffel Mehl in etwas Wasser auflösen und zum Gulasch geben. Rühren Sie gut um, damit es sich gleichmäßig verteilt.

7 Servieren Sie das Südtiroler Gulasch heiß, mit Beilagen wie Knödeln, Nudeln oder Kartoffeln.

Hauptspeisen mit Fleisch

SPECKKNÖDEL MIT SAUERKRAUT

4 Port. | 1 Std. 15 Min. | Leicht

Zutaten

Zutaten für die Knödel:
250 g altbackenes Brot (z. B. Semmel oder Baguette)
150 ml Milch
200 g Speckwürfel
1 Zwiebel, fein gehackt
2 Eier
2 EL Petersilie, fein gehackt
100 g Mehl
Salz und Pfeffer nach Geschmack

Zutaten für das Sauerkraut:
500 g Sauerkraut (aus dem Glas oder frisch)
1 Zwiebel, fein gehackt
2 EL Butter
1 TL Kümmel
Salz und Pfeffer nach Geschmack

Nährwerte p. P.

600 kcal
67 g Kohlenhydrate
22 g Fett
10 g Ballaststoffe
25 g Eiweiß

Bitte beachten Sie, dass die nachfolgenden Anweisungen im Rezeptformat verfasst sind:

1 Um die Speckknödel mit Sauerkraut zuzubereiten, beginnen Sie damit, das altbackene Brot in kleine Würfel zu schneiden und in eine Schüssel zu geben. Erhitzen Sie die Milch und gießen Sie sie über das Brot. Lassen Sie das Brot einige Minuten einweichen.

2 In einer Pfanne braten Sie die Speckwürfel, bis sie knusprig sind. Geben Sie die gehackte Zwiebel hinzu und braten Sie sie kurz an.

3 Drücken Sie das eingeweichte Brot gut aus und geben Sie es in eine große Schüssel. Fügen Sie den gebratenen Speck und die Zwiebeln hinzu. Geben Sie Eier, Petersilie, Mehl, Salz und Pfeffer hinzu. Vermengen Sie alles gut, bis eine homogene Masse entsteht.

4 Bringen Sie Wasser in einem großen Topf zum Kochen und fügen Sie Salz hinzu. Mit nassen Händen formen Sie aus der Knödelmasse Knödel und geben sie vorsichtig in das kochende Wasser. Reduzieren Sie die Hitze und lassen Sie die Knödel etwa 15 bis 20 Minuten sanft köcheln, bis sie fest sind.

5 Während die Knödel kochen, können Sie das Sauerkraut zubereiten. In einer Pfanne braten Sie die gehackte Zwiebel in Butter an, bis sie glasig wird. Fügen Sie das Sauerkraut und den Kümmel hinzu. Schmecken Sie mit Salz und Pfeffer ab und lassen Sie es etwa 10 bis 15 Minuten bei mittlerer Hitze köcheln.

6 Nehmen Sie die fertigen Speckknödel aus dem Wasser und lassen Sie sie abtropfen.

7 Servieren Sie die Speckknödel mit dem Sauerkraut und garnieren Sie sie nach Belieben mit frischer Petersilie.

SCHLUTZKRAPFEN MIT SPINATFÜLLUNG

4 Port. 1 Std. Leicht

Zutaten

Zutaten für den Teig:
250 g Mehl
2 Eier
1 Prise Salz
100 ml Wasser

Zutaten für die Spinatfüllung:
300 g frischer Spinat
1 Zwiebel, fein gehackt
2 Knoblauchzehen, fein gehackt
150 g Ricotta-Käse
50 g Parmesan, gerieben
Salz und Pfeffer nach Geschmack
Butter zum Anbraten

Nährwerte p. P.

320 kcal
37 g Kohlenhydrate
12 g Fett
5 g Ballaststoffe
14 g Eiweiß

1 Für den Teig sieben Sie das Mehl auf eine saubere Arbeitsfläche und formen eine Mulde in der Mitte. Geben Sie die Eier, das Salz und das Wasser in die Mulde.

2 Mit einer Gabel verquirlen Sie leicht die Eier und arbeiten nach und nach das Mehl von den Seiten ein, bis ein geschmeidiger Teig entsteht. Kneten Sie den Teig etwa 10 Minuten kräftig, bis er glatt und elastisch ist. Wickeln Sie den Teig in Frischhaltefolie ein und lassen Sie ihn 30 Minuten ruhen.

3 In der Zwischenzeit waschen Sie den Spinat gründlich und entfernen grobe Stiele. Blanchieren Sie den Spinat in kochendem Wasser, bis er zusammenfällt. Schrecken Sie ihn dann sofort in Eiswasser ab und lassen Sie ihn abtropfen. Drücken Sie den Spinat gut aus und hacken Sie ihn grob.

4 In einer Pfanne braten Sie die gehackte Zwiebel und den Knoblauch in etwas Butter an, bis sie glasig sind. Geben Sie den gehackten Spinat hinzu und braten Sie ihn kurz mit. Schmecken Sie mit Salz und Pfeffer ab.

5 Geben Sie den Ricotta-Käse und den Parmesan zum Spinat und vermengen Sie alles gut. Stellen Sie die Füllung beiseite und lassen Sie sie abkühlen.

6 Rollen Sie den Teig dünn aus und stechen Sie Kreise mit etwa 10 cm Durchmesser aus. Geben Sie auf jeden Teigkreis einen Esslöffel der Spinatfüllung und

klappen Sie den Teig halbmondförmig über die Füllung. Drücken Sie die Ränder gut zusammen, um die Schlutzkrapfen zu versiegeln.

7 Bringen Sie einen großen Topf mit gesalzenem Wasser zum Kochen. Geben Sie die Schlutzkrapfen vorsichtig ins kochende Wasser und lassen Sie sie etwa 5 bis 7 Minuten kochen, bis sie an die Oberfläche steigen. Nehmen Sie sie mit einem Schaumlöffel heraus und lassen Sie sie abtropfen.

8 Bestreichen Sie die Schlutzkrapfen mit geschmolzener Butter. Lassen Sie in einer Pfanne etwas Butter schmelzen und braten Sie die abgetropften Schlutzkrapfen von beiden Seiten goldbraun an.

9 Richten Sie die fertigen Schlutzkrapfen auf einem Teller an und bestreuen Sie sie nach Belieben mit frisch geriebenem Parmesan.

Tipp: Servieren Sie die Schlutzkrapfen heiß und genießen Sie sie als Hauptgericht. Sie können sie auch mit einer leichten Tomatensauce oder geschmolzener Butter servieren.

TIROLER GRÖSTL

4 Port. 30 Min. Leicht

Zutaten

500 g gekochte Kartoffeln, geschält und in Würfel geschnitten
200 g gewürfeltes Rindfleisch oder Schweinefleisch
1 große Zwiebel, gehackt
2 EL Butter oder Öl
Salz und Pfeffer nach Geschmack

Optional:
4 Eier
100 g Sauerkraut

Nährwerte p. P.

400 kcal
40 g Kohlenhydrate
16 g Fett
20 g Eiweiß

1 Erhitzen Sie die Butter oder das Öl in einer großen Pfanne. Fügen Sie die gehackte Zwiebel hinzu und braten Sie sie bei mittlerer Hitze an, bis sie glasig sind.

2 Geben Sie das gewürfelte Fleisch in die Pfanne und braten Sie es zusammen mit den Zwiebeln, bis es braun und durchgegart ist.

3 Fügen Sie die gekochten Kartoffelwürfel hinzu und braten Sie sie zusammen mit dem Fleisch und den Zwiebeln an, bis sie goldbraun sind. Würzen Sie alles mit Salz und Pfeffer nach Geschmack.

4 Optional: In einer separaten Pfanne können Sie die Eier als Spiegeleier braten.

5 Wenn Sie mögen, können Sie das Tiroler Gröstl mit Sauerkraut servieren. Erwärmen Sie das Sauerkraut entweder in der Mikrowelle oder in einem separaten Topf.

6 Richten Sie das Gröstl auf Tellern an und garnieren Sie es nach Wunsch mit den gebratenen Spiegeleiern. Servieren Sie es zusammen mit dem erwärmten Sauerkraut.

Tipp: Genießen Sie das herzhafte Tiroler Gröstl als Hauptgericht oder als deftige Beilage zu anderen Gerichten.

TIRTLAN – GEFÜLLTE TEIGTASCHE

4 Port. | 40 Min. | Leicht

Zutaten

Zutaten für den Teig:
250 g Mehl
2 Eier
100 ml Wasser
1 Prise Salz

Zutaten für die Füllung:
200 g gewürfeltes Rind- oder Schweinefleisch
1 große Zwiebel, gehackt
2 EL Öl oder Butter
Salz und Pfeffer nach Geschmack

Nährwerte p. P.

400 kcal
45 g Kohlenhydrate
14 g Fett
20 g Eiweiß

1 Für den Teig vermischen Sie das Mehl, die Eier, das Wasser und eine Prise Salz in einer Schüssel. Kneten Sie den Teig gründlich, bis er glatt und elastisch ist. Lassen Sie ihn für etwa 30 Minuten ruhen.

2 In der Zwischenzeit erhitzen Sie das Öl oder die Butter in einer Pfanne und braten die gehackte Zwiebel an, bis sie glasig ist. Geben Sie das gewürfelte Fleisch hinzu und braten Sie es an, bis es gar ist. Mit Salz und Pfeffer abschmecken. Lassen Sie die Füllung abkühlen.

3 Rollen Sie den Teig auf einer bemehlten Arbeitsfläche dünn aus. Schneiden Sie den Teig in Quadrate mit einer Seitenlänge von etwa 10 cm.

4 Platzieren Sie einen Teelöffel der Fleischfüllung in die Mitte jedes Teigquadrats. Falten Sie den Teig diagonal, um ein Dreieck zu formen, und drücken Sie die Ränder gut zusammen, um die Teigtaschen zu versiegeln.

5 Bringen Sie einen großen Topf mit gesalzenem Wasser zum Kochen. Geben Sie die Tirtlan vorsichtig in das kochende Wasser und lassen Sie sie für etwa 10 bis 12 Minuten kochen, bis sie aufgehen und der Teig gar ist. Entfernen Sie sie mit einem Schaumlöffel und lassen Sie sie kurz abtropfen.

6 Servieren Sie die Tirtlan warm. Sie können sie entweder allein oder mit einer Sauce oder einem Dip Ihrer Wahl servieren.

Tipp: Genießen Sie die köstlichen Tirtlan als Hauptgericht oder als Beilage zu anderen Gerichten.

SÜDTIROLER SCHLACHTPLATTE

4 Port. | 1,5 Std. | Leicht

Zutaten

500 g Schweinefleisch (z. B. Bauchfleisch oder Schulter), gewürfelt
250 g Blutwurst, in Scheiben geschnitten
250 g Leberwurst, in Scheiben geschnitten
500 g Sauerkraut
500 g Kartoffeln, geschält und gewürfelt
2 Zwiebeln, gehackt
2 Knoblauchzehen, gehackt
2 Lorbeerblätter
2 EL Schweineschmalz oder Öl
Salz und Pfeffer nach Geschmack

Optional:
Kümmel für das Sauerkraut

Nährwerte p. P.

550 kcal
40 g Kohlenhydrate
30 g Fett
25 g Eiweiß

1 Das Schweinefleisch mit Salz und Pfeffer würzen. Erhitzen Sie das Schweineschmalz oder Öl in einem großen Topf und braten Sie das Schweinefleisch darin an, bis es von allen Seiten goldbraun ist.

2 Fügen Sie die gehackten Zwiebeln und den Knoblauch hinzu und braten Sie sie zusammen mit dem Fleisch an, bis sie leicht goldbraun sind.

3 Geben Sie das Sauerkraut und die Lorbeerblätter in den Topf. Optional können Sie auch etwas Kümmel für zusätzliches Aroma hinzufügen. Rühren Sie alles gut um und lassen Sie es bei mittlerer Hitze für etwa 10 Minuten schmoren.

4 Fügen Sie die gewürfelten Kartoffeln hinzu und gießen Sie ausreichend Wasser ein, um alles zu bedecken. Bringen Sie die Mischung zum Kochen und reduzieren Sie dann die Hitze. Decken Sie den Topf ab und lassen Sie die Schlachtplatte für ca. 45 bis 60 Minuten köcheln, bis die Kartoffeln weich sind.

5 Kurz vor dem Servieren fügen Sie die Scheiben Blutwurst und Leberwurst hinzu und lassen sie für weitere 5 bis 10 Minuten in der Schlachtplatte erwärmen.

6 Schmecken Sie die Schlachtplatte mit Salz und Pfeffer ab und entfernen Sie die Lorbeerblätter.

7 Servieren Sie die Schlachtplatte heiß zusammen mit frischem Bauernbrot und Senf.

Tipp: Genießen Sie die herzhafte Schlachtplatte aus Südtirol als deftiges Hauptgericht, das perfekt zu einem rustikalen Abendessen passt.

TIROLER HIRSCHGULASCH

4 Port. | 3 Std. | Leicht

Zutaten

800 g Hirschfleisch, gewürfelt
2 Zwiebeln, gehackt
2 Knoblauchzehen, gehackt
2 Karotten, gewürfelt
2 Selleriestangen, gewürfelt
200 ml Rotwein
400 ml Rinderbrühe
2 EL Mehl
2 EL Olivenöl
2 Lorbeerblätter
1 TL Wacholderbeeren
Salz und Pfeffer nach Geschmack

Optional:
2 EL Sahne oder saure Sahne (zur Verfeinerung)

Nährwerte p. P.

450 kcal
12 g Kohlenhydrate
20 g Fett
45 g Eiweiß

1 Das Hirschfleisch wird mit Salz und Pfeffer gewürzt und anschließend mit Mehl bestäubt, um es leicht zu panieren.

2 Erhitzen Sie das Olivenöl in einem großen Schmortopf. Braten Sie das Hirschfleisch portionsweise in der Pfanne an, bis es von allen Seiten braun ist und eine schöne Kruste bildet. Nehmen Sie das gebratene Fleisch aus dem Topf und stellen Sie es beiseite, um es warm zu halten.

3 Verwenden Sie denselben Topf und geben Sie die gehackten Zwiebeln, den Knoblauch, die Karotten und den Sellerie hinzu. Braten Sie sie einige Minuten lang an, bis sie weich werden und eine leicht goldbraune Farbe annehmen. Das verleiht der Soße zusätzliches Aroma.

4 Geben Sie das gebratene Hirschfleisch wieder in den Topf und fügen Sie den Rotwein hinzu. Lassen Sie den Wein für etwa 5 Minuten kochen, um den Alkohol zu reduzieren und die Aromen zu intensivieren.

5 Gießen Sie die Rinderbrühe in den Topf, sodass das Fleisch und das Gemüse gerade bedeckt sind. Fügen Sie die Lorbeerblätter und Wacholderbeeren hinzu, um dem Gulasch zusätzliche Würze zu verleihen. Decken Sie den Topf ab und lassen Sie das Gulasch bei niedriger Hitze etwa 2 bis 3 Stunden köcheln, bis das Fleisch zart und mürbe ist. Rühren Sie gelegentlich um und fügen Sie bei Bedarf etwas Wasser hinzu, um sicherzustellen, dass genug Flüssigkeit vorhanden ist.

6 Optional können Sie kurz vor dem Servieren zwei Esslöffel Sahne oder saure Sahne hinzufügen, um das Gulasch cremiger zu machen. Dies verleiht der Soße eine zusätzliche Geschmeidigkeit und rundet den Geschmack ab.

7 Schmecken Sie das Hirschgulasch mit Salz und Pfeffer ab, um den Geschmack zu perfektionieren.

Tipp: Servieren Sie es zusammen mit Beilagen wie Spätzle, Knödeln oder Rotkohl, um das Gulasch zu begleiten und den Genuss zu vervollständigen.

SÜDTIROLER HIRTENMAKKARONI

4 Port. 30 Min. Leicht

Zutaten

250 g Makkaroni oder eine andere kurze Pasta
200 g geräucherter Speck, gewürfelt
1 Zwiebel, gehackt
2 Knoblauchzehen, gehackt
200 g Bergkäse oder ein anderer würziger Hartkäse, gerieben
200 ml Sahne (vegane Sahne kann als Alternative verwendet werden)
Salz und Pfeffer nach Geschmack

Optional:
1 TL Kümmel (für einen traditionellen Geschmack)

Nährwerte p. P.

700 kcal
55 g Kohlenhydrate
40 g Fett
3 g Ballaststoffe
27 g Protein

1 Sie können die Makkaroni gemäß den Anweisungen auf der Verpackung al dente kochen. Anschließend sollten Sie sie abgießen und beiseitestellen.

2 In einer großen Pfanne sollten Sie den gewürfelten Speck bei mittlerer Hitze knusprig anbraten. Nehmen Sie den Speck aus der Pfanne und lassen Sie ihn auf einem Küchenpapier abtropfen.

3 In derselben Pfanne sollten Sie die gehackte Zwiebel und den Knoblauch in dem SpeckFett anbraten, bis sie weich und leicht goldbraun sind.

4 Geben Sie die gekochten Makkaroni zu den Zwiebeln und dem Knoblauch in die Pfanne. Fügen Sie den geriebenen Käse und die Sahne hinzu. Nach Bedarf können Sie Salz und Pfeffer sowie optional den Kümmel hinzufügen.

5 Vermengen Sie alles gut und lassen Sie es bei niedriger Hitze köcheln, bis der Käse geschmolzen ist und eine cremige Sauce entsteht. Dabei sollten Sie gelegentlich umrühren, damit nichts anbrennt.

6 Schmecken Sie den Pfanneninhalt ab und würzen Sie bei Bedarf mit Salz und Pfeffer nach.

SPECKBANDNUDELN

4 Port. | 40 Min. | Leicht

Zutaten

250 g Bandnudeln
150 g Südtiroler Speck, in dünnen Streifen
1 Zwiebel, fein gehackt
2 EL Olivenöl
100 ml Sahne
50 g geriebener Parmesan
Salz und Pfeffer nach Geschmack
Frische Petersilie zum Garnieren

Nährwerte p. P.

390 kcal
54 g Kohlenhydrate
21 g Fett
3 g Ballaststoffe
18 g Protein

1 Kochen Sie die Bandnudeln gemäß den Anweisungen auf der Verpackung al dente. Abgießen und beiseitestellen.

2 In einer großen Pfanne das Olivenöl erhitzen und die fein gehackte Zwiebel darin glasig anbraten. Fügen Sie den in dünnen Streifen geschnittenen Südtiroler Speck hinzu und braten Sie ihn leicht an, bis er knusprig ist.

3 Reduzieren Sie die Hitze auf mittlere Stufe und gießen Sie die Sahne über den Speck in die Pfanne. Lassen Sie die Sahne für ein paar Minuten köcheln, bis sie etwas eingedickt ist.

4 Geben Sie die gekochten Bandnudeln in die Pfanne und vermengen Sie sie gut mit der Speck-Sahne-Mischung. Kochen Sie alles für weitere 2 bis 3 Minuten, damit sich die Aromen verbinden.

5 Nehmen Sie die Pfanne vom Herd und rühren Sie den geriebenen Parmesan unter. Verwenden Sie Salz und Pfeffer nach Geschmack, um das Gericht zu würzen.

6 Servieren Sie die Speckbandnudeln heiß und garnieren Sie sie mit frischer Petersilie.

BRASATO DI MANZO
RINDERROULADEN

4 Port. 3 Std. Leicht

Zutaten

4 Rinderrouladen (ca. 150 - 200 g pro Stück)
4 Scheiben Speck
1 Zwiebel, gewürfelt
2 Karotten, gewürfelt
2 Stangen Sellerie, gewürfelt
2 Knoblauchzehen, gehackt
500 ml Rinderbrühe
250 ml Rotwein (z. B. Lagrein oder Merlot)
2 EL Olivenöl
1 EL Tomatenmark
1 TL getrockneter Thymian
Salz und Pfeffer nach Geschmack

Nährwerte p. P.

450 kcal
10 g Kohlenhydrate
22 g Fett
2 g Ballaststoffe
45 g Protein

1 Die Rinderrouladen mit Salz und Pfeffer würzen. Legen Sie auf jede Roulade eine Scheibe Speck und rollen Sie sie fest zusammen. Fixieren Sie sie mit Küchengarn oder Zahnstochern.

2 Erhitzen Sie das Olivenöl in einem großen Bräter oder einer Pfanne mit Deckel. Braten Sie die Rinderrouladen von allen Seiten scharf an, bis sie braun sind. Nehmen Sie die Rouladen aus dem Bräter und beiseite.

3 In demselben Bräter die Zwiebeln, Karotten, Sellerie und Knoblauch anbraten, bis sie leicht gebräunt sind.

4 Geben Sie das Tomatenmark hinzu und rösten Sie es kurz an. Gießen Sie dann den Rotwein ein und lassen Sie ihn etwas einkochen.

5 Geben Sie die Rinderrouladen zurück in den Bräter und fügen Sie die Rinderbrühe hinzu, bis die Rouladen fast bedeckt sind. Streuen Sie den Thymian über die Rouladen.

6 Decken Sie den Bräter mit einem Deckel ab und lassen Sie die Rouladen bei niedriger Hitze etwa 2 bis 3 Stunden schmoren, bis das Fleisch zart und die Sauce eingedickt ist. Gelegentlich umrühren und bei Bedarf etwas Wasser oder Brühe hinzufügen, um ein Anbrennen zu vermeiden.

7 Sobald die Rinderrouladen gar sind, nehmen Sie sie aus dem Bräter und lassen sie kurz ruhen. Schneiden Sie sie dann in Scheiben.

8 Die Sauce im Bräter bei Bedarf weiter einkochen lassen, bis sie die gewünschte Konsistenz erreicht hat. Mit Salz und Pfeffer abschmecken.

9 Servieren Sie die Rinderrouladen mit der Sauce und Beilagen wie Kartoffelpüree, Polenta oder Gemüse.

SÜDTIROLER HÜHNCHENKEULE

4 Port. | 1 Std. | Leicht

Zutaten

4 Hühnerkeulen
2 Knoblauchzehen, gehackt
2 Zweige Rosmarin, gehackt
2 EL Olivenöl
Saft einer Zitrone
Salz und Pfeffer nach Geschmack

Nährwerte p. P.

250 kcal
1 g Kohlenhydrate
17 g Fett
0 g Ballaststoffe
23 g Protein

1 Sie können den Backofen auf 200 °C vorheizen.

2 Würzen Sie die Hühnerkeulen mit Salz und Pfeffer und legen Sie sie in eine Auflaufform.

3 In einer Schüssel mischen Sie Knoblauch, Rosmarin, Olivenöl und Zitronensaft. Gießen Sie die Mischung über die Hühnerkeulen und stellen Sie sicher, dass sie gut damit bedeckt sind.

4 Backen Sie die Hühnerkeulen für etwa 40 bis 45 Minuten im vorgeheizten Ofen oder bis sie goldbraun und durchgegart sind. Übergießen Sie sie gelegentlich mit dem Bratensaft, um sie saftig zu halten.

5 Nehmen Sie die fertigen Hühnerkeulen aus dem Ofen und lassen Sie sie kurz ruhen, bevor Sie sie servieren.

Tipp: Nach Belieben können Sie die Hühnerkeulen mit Beilagen wie Kartoffeln, Gemüse oder einem frischen Salat servieren.

HÜHNCHEN SALTIMBOCCA

4 Port. | 40 Min. | Leicht

Zutaten

4 Hühnchenbrustfilets
8 dünne Scheiben Parmaschinken
8 Salbeiblätter
4 EL Olivenöl
120 ml trockener Weißwein
Saft einer Zitrone
Salz und Pfeffer nach Geschmack

Nährwerte p. P.

300 kcal
1 g Kohlenhydrate
15 g Fett
0 g Ballaststoffe
40 g Protein

1 Die Hühnchenbrustfilets legen Sie zwischen zwei Stücke Frischhaltefolie und klopfen sie vorsichtig flach, bis sie eine gleichmäßige Dicke haben.

2 Jedes Hühnchenbrustfilet belegen Sie mit zwei Scheiben Parmaschinken und legen je zwei Salbeiblätter darauf. Fixieren Sie sie mit Zahnstochern.

3 In einer Pfanne erhitzen Sie das Olivenöl und braten die Hühnchenbrustfilets von beiden Seiten an, bis sie goldbraun sind. Reduzieren Sie die Hitze und braten Sie die Hühnchenbrustfilets weiter, bis sie durchgegart sind. Würzen Sie sie mit Salz und Pfeffer.

4 Nehmen Sie die Hühnchenbrustfilets aus der Pfanne und halten Sie sie warm.

5 Geben Sie den Weißwein in die Pfanne und reduzieren Sie ihn bei starker Hitze, bis die Flüssigkeit um etwa die Hälfte reduziert ist. Fügen Sie den Zitronensaft hinzu und erhitzen Sie ihn kurz.

6 Servieren Sie die Hühnchenbrustfilets mit der reduzierten Weißwein-Zitronen-Sauce.

Tipp: Nach Belieben können Sie die Hühnchen Saltimbocca mit Beilagen wie Pasta, Kartoffeln oder Gemüse servieren.

SÜDTIROLER WURSTNUDELN

4 Port. | 1 Std. 15 Min. | Leicht

Zutaten

200 g Mehl
2 Eier
100 ml Wasser
1 Prise Salz
300 g Schweinebrät (Wurstfüllung)
1 Zwiebel, fein gehackt
2 EL Butter
Salz und Pfeffer nach Geschmack
50 g geriebener Käse (z. B. Bergkäse)

Nährwerte p. P.

550 kcal
38 g Kohlenhydrate
28 g Fett
35 g Protein

1 Für den Nudelteig sieben Sie das Mehl auf eine Arbeitsfläche und formen eine Mulde in der Mitte. Geben Sie die Eier, das Wasser und eine Prise Salz in die Mulde.

2 Verquirlen Sie die Eier leicht mit einer Gabel und arbeiten Sie nach und nach das Mehl von den Rändern in die Ei-Mischung ein, bis ein Teig entsteht. Kneten Sie den Teig kräftig, bis er glatt und elastisch ist. Falls nötig, fügen Sie etwas Wasser oder Mehl hinzu.

3 Wickeln Sie den Teig in Frischhaltefolie und lassen Sie ihn etwa 30 Minuten ruhen.

4 In der Zwischenzeit braten Sie das Schweinebrät in einer Pfanne ohne Fett an, bis es braun und krümelig ist. Fügen Sie die gehackte Zwiebel hinzu und braten Sie sie weiter, bis sie goldbraun ist. Schmecken Sie mit Salz und Pfeffer ab. Nehmen Sie die Pfanne vom Herd und lassen Sie die Mischung abkühlen.

5 Rollen Sie den Teig auf einer bemehlten Arbeitsfläche dünn aus. Stechen Sie mit einem runden Ausstecher (ca. 8 cm Durchmesser) Kreise aus.

6 Geben Sie einen Esslöffel der abgekühlten Wurstfüllung in die Mitte jedes Teigkreises. Klappen Sie den Teig über der Füllung zusammen und verschließen Sie die Ränder gut.

7 Bringen Sie in einem großen Topf Salzwasser zum Kochen. Geben Sie die Wurstnudeln portionsweise in das kochende Wasser und kochen Sie sie etwa 10 bis 12 Minuten, bis sie aufsteigen und gar sind. Nehmen Sie sie mit einem Schaumlöffel vorsichtig aus dem Wasser und lassen Sie sie abtropfen.

8 Erhitzen Sie in einer Pfanne die Butter und braten Sie die abgetropften Wurstnudeln darin kurz an, bis sie leicht gebräunt sind.

9 Geben Sie die Südtiroler Wurstnudeln auf Teller und bestreuen Sie sie mit geriebenem Käse. Servieren Sie sie nach Belieben mit einem grünen Salat.

Hauptspeisen mit Fisch & Meeresfrüchten

ZANDERFILET MIT KARTOFFEL-KÜRBIS-PÜREE

4 Port. 50 Min. Leicht

Zutaten

4 Zanderfilets
500 g Kartoffeln
300 g Hokkaidokürbis
2 EL Olivenöl
1 Zitrone
Salz und Pfeffer nach Geschmack
Frische Kräuter (z. B. Petersilie oder Schnittlauch) zum Garnieren

Nährwerte p. P.

350 kcal
30 g Kohlenhydrate
12 g Fett
5 g Ballaststoffe
30 g Eiweiß

1 Schälen Sie die Kartoffeln und den Kürbis und schneiden Sie sie in Stücke. Geben Sie die geschnittenen Kartoffeln und den Kürbis in einen Topf mit Salzwasser. Kochen Sie sie etwa 20 Minuten lang, bis sie weich sind.

2 Würzen Sie in der Zwischenzeit die Zanderfilets mit Salz und Pfeffer. Drücken Sie den Saft einer halben Zitrone über den Filets aus.

3 Erhitzen Sie eine Pfanne und fügen Sie das Olivenöl hinzu. Legen Sie die Zanderfilets mit der Hautseite nach unten in die Pfanne und braten Sie sie bei mittlerer Hitze etwa 3 bis 4 Minuten lang, bis die Haut knusprig ist. Wenden Sie die Filets dann vorsichtig und braten Sie sie weitere 2 bis 3 Minuten, bis der Fisch gar ist.

4 Gießen Sie die gekochten Kartoffeln und den Kürbis ab und geben Sie sie zusammen in eine Schüssel. Zerdrücken Sie sie mit einem Kartoffelstampfer oder einer Gabel zu einem Püree. Schmecken Sie das Püree mit Salz und Pfeffer ab.

5 Verteilen Sie das Kartoffel-Kürbis-Püree auf den Tellern und legen Sie jeweils ein Zanderfilet darauf.

6 Garnieren Sie das Gericht mit frischen Kräutern und servieren Sie es mit Zitronenscheiben.

FORELLE MIT SPECKKRUSTE IM GEMÜSEBETT

4 Port. | 40 Min. | Leicht

Zutaten

Zutaten für die Knödel:
4 Forellenfilets
100 g Südtiroler Speck, dünn geschnitten
2 EL Olivenöl
1 Zitrone
Salz und Pfeffer nach Geschmack
300 g gemischtes Gemüse (z. B. Karotten, Zucchini, Paprika), in Streifen geschnitten
1 Knoblauchzehe, gehackt
Frische Kräuter (z. B. Thymian oder Rosmarin) zum Garnieren

Nährwerte p. P.

350 kcal
10 g Kohlenhydrate
15 g Fett
3 g Ballaststoffe
40 g Eiweiß

1 Heizen Sie den Backofen auf 200 °C Umluft vor.

2 Legen Sie die Forellenfilets auf ein mit Backpapier ausgelegtes Backblech. Würzen Sie sie mit Salz und Pfeffer.

3 Wickeln Sie jeweils 1 bis 2 Scheiben Südtiroler Speck um die Forellenfilets, sodass sie bedeckt sind.

4 Beträufeln Sie die Filets mit etwas Olivenöl und dem Saft einer halben Zitrone.

5 Backen Sie die Forellenfilets im vorgeheizten Backofen für ca. 12 bis 15 Minuten, bis der Fisch durchgegart und die Speckkruste knusprig ist.

6 In der Zwischenzeit erhitzen Sie das restliche Olivenöl in einer Pfanne. Fügen Sie den gehackten Knoblauch hinzu und braten Sie es kurz an, bis es duftet.

7 Geben Sie das geschnittene Gemüse in die Pfanne und braten Sie es für ca. 5 bis 7 Minuten an, bis es bissfest ist. Würzen Sie es mit Salz und Pfeffer nach Geschmack.

8 Verteilen Sie das Gemüse auf Tellern und legen Sie jeweils ein Forellenfilet darauf.

9 Garnieren Sie das Gericht mit frischen Kräutern und servieren Sie es mit Zitronenscheiben.

MÜLLERIN ART – FORELLE MIT PETERSILIE

2 Port. 20 Min. Leicht

Zutaten

2 frische Forellen
Mehl zum Wenden
Salz und Pfeffer nach Geschmack
100 g Butter
2 EL gehackte frische Petersilie
Zitronenscheiben zum Garnieren

Nährwerte p. P.

350 kcal
20 g Kohlenhydrate
20 g Fett
25 g Protein

1 Spülen Sie die Forellenfilets ab und tupfen Sie sie trocken. Würzen Sie sie mit Salz und Pfeffer.

2 Geben Sie das Mehl auf einen Teller und wenden Sie die Forellenfilets darin, sodass sie rundherum mit Mehl bedeckt sind.

3 Lassen Sie in einer großen Pfanne die Butter bei mittlerer Hitze schmelzen. Geben Sie die mehlierten Forellenfilets in die Pfanne und braten Sie sie von jeder Seite etwa 3 bis 4 Minuten goldbraun, bis sie durchgegart sind.

4 Legen Sie die gebratenen Forellenfilets auf eine Servierplatte und bestreuen Sie sie mit gehackter Petersilie.

5 Garnieren Sie sie mit Zitronenscheiben und servieren Sie sie sofort.

KÄRNTNER KASNUDELN MIT FISCHFÜLLUNG

4 Port. | 1 Std. | Leicht

Zutaten

Zutaten für den Teig:
300 g Mehl
2 Eier
1 Prise Salz
Wasser

Zutaten für die Fischfüllung:
200 g Fischfilet (z. B. Zander oder Forelle), fein gehackt
1 kleine Zwiebel, fein gehackt
2 EL Butter
100 g Frischkäse
Salz und Pfeffer nach Geschmack
1 EL frische Petersilie, gehackt

Zutaten für die Sauce:
2 EL Butter
1 Zwiebel, fein gehackt
200 ml Sahne
1 EL frische Schnittlauchröllchen
Salz und Pfeffer nach Geschmack

Nährwerte p. P.

550 kcal
45 g Kohlenhydrate
25 g Fett
30 g Protein

1 Für den Teig geben Sie das Mehl auf eine Arbeitsfläche und drücken in die Mitte eine Mulde. Geben Sie die Eier und das Salz in die Mulde und vermengen Sie sie langsam mit etwas Wasser, bis ein geschmeidiger Teig entsteht. Kneten Sie den Teig gut durch und lassen Sie ihn zugedeckt etwa 30 Minuten ruhen.

2 In der Zwischenzeit dünsten Sie für die Fischfüllung die gehackte Zwiebel in der Butter, bis sie glasig ist. Fügen Sie das gehackte Fischfilet hinzu und braten Sie es bei mittlerer Hitze etwa 5 bis 7 Minuten, bis der Fisch gar ist. Nehmen Sie es vom Herd und lassen Sie es abkühlen.

3 Vermengen Sie den abgekühlten Fisch mit Frischkäse, Salz, Pfeffer und gehackter Petersilie, bis eine homogene Masse entsteht.

4 Rollen Sie den Teig auf einer bemehlten Arbeitsfläche dünn aus und stechen Sie Kreise mit etwa 8 cm Durchmesser aus.

5 Geben Sie etwa einen Teelöffel der Fischfüllung auf jeden Teigkreis und befeuchten Sie die Ränder des Teigs leicht mit Wasser. Klappen Sie den Teig über der Füllung zusammen und verschließen Sie die Ränder gut, indem Sie sie festdrücken oder mit einer Gabel eindrücken.

6 Bringen Sie einen großen Topf mit gesalzenem Wasser zum Kochen. Geben Sie die Kasnudeln portionsweise ins kochende Wasser und kochen Sie sie etwa 10 bis 12 Minuten, bis sie gar sind. Nehmen Sie sie dann vorsichtig mit einem Schaumlöffel heraus und lassen Sie sie abtropfen.

7 Lassen Sie in einer Pfanne die Butter schmelzen und dünsten Sie darin die gehackte Zwiebel, bis sie glasig ist. Fügen Sie die Sahne hinzu und lassen Sie die Sauce bei mittlerer Hitze etwa 5 Minuten köcheln, bis sie leicht eindickt. Schmecken Sie sie mit Salz, Pfeffer und Schnittlauchröllchen ab.

8 Verteilen Sie die gekochten Kasnudeln auf Tellern und übergießen Sie sie mit der Sauce. Sie können die Kärntner Kasnudeln mit Fischfüllung nach Belieben mit frischer Petersilie garnieren.

GEBRATENE GARNELEN TIROLER ART

4 Port. 20 Min. Leicht

Zutaten

500 g Garnelen, geschält und entdarmt
2 Knoblauchzehen, fein gehackt
2 EL Olivenöl
1 EL Zitronensaft
1 TL Paprikapulver
Salz und Pfeffer nach Geschmack
Frische Petersilie zum Garnieren

Nährwerte p. P.

200 kcal
2 g Kohlenhydrate
10 g Fett
25 g Protein

1 Spülen Sie die Garnelen gründlich ab und tupfen Sie sie mit Küchenpapier trocken.

2 Schwitzen Sie den gehackten Knoblauch in einer Pfanne mit Olivenöl bei mittlerer Hitze an, bis er leicht golden ist.

3 Geben Sie die Garnelen in die Pfanne und braten Sie sie etwa 2 bis 3 Minuten pro Seite, bis sie rosa und durchgegart sind.

4 Träufeln Sie den Zitronensaft über die Garnelen und würzen Sie sie mit Paprikapulver, Salz und Pfeffer. Vermengen Sie alles gut, sodass die Garnelen mit den Gewürzen überzogen sind.

5 Richten Sie die gebratenen Garnelen auf einer Servierplatte an und garnieren Sie sie mit frischer Petersilie. Servieren Sie diese sofort.

GEBRATENES HECHTFILET

4 Port. 20 Min. Leicht

Zutaten

4 Hechtfilets (je ca. 150 g)
2 EL Mehl
Salz und Pfeffer nach Geschmack
2 EL Olivenöl
1 Zitrone, in Scheiben geschnitten
2 EL gehackte frische Petersilie

Nährwerte p. P.

250 kcal
10 g Kohlenhydrate
8 g Fett
35 g Eiweiß

1 Tupfen Sie die Hechtfilets mit Küchenpapier trocken und bestäuben Sie sie anschließend mit Mehl. Würzen Sie die Filets großzügig mit Salz und Pfeffer.

2 Erhitzen Sie das Olivenöl in einer Pfanne bei mittlerer Hitze. Geben Sie die Hechtfilets in die Pfanne und braten Sie sie von jeder Seite etwa 3 bis 4 Minuten lang, bis sie eine goldbraune Farbe angenommen haben und durchgegart sind.

3 Nehmen Sie die gebratenen Hechtfilets aus der Pfanne und legen Sie sie auf eine Servierplatte. Garnieren Sie die Filets mit frischen Zitronenscheiben, um ihnen einen zusätzlichen Frische-Kick zu verleihen.

4 Bestreuen Sie die Hechtfilets mit gehackter Petersilie, um das Gericht geschmacklich abzurunden. Sie können auch weitere Beilagen wie Kartoffeln, Salat oder Gemüse nach Belieben servieren.

5 Servieren Sie den gebratenen Hecht sofort, solange er noch warm ist.

LACHS MIT KRÄUTERKRUSTE

4 Port. | 40 Min. | Leicht

Zutaten

4 Lachsfilets (je ca. 150 g)
100 g Paniermehl
50 g frische Kräuter (z. B. Petersilie, Dill, Schnittlauch), fein gehackt
2 Knoblauchzehen, fein gehackt
2 EL Olivenöl
Salz und Pfeffer nach Geschmack
Zitronenscheiben zum Garnieren

Nährwerte p. P.

252 kcal
16 g Kohlenhydrate
8 g Fett
35 g Eiweiß

1 Heizen Sie den Backofen auf 200 °C Umluft vor und Fetten Sie eine Auflaufform leicht ein.

2 In einer Schüssel vermischen Sie das Paniermehl, die gehackten Kräuter und den Knoblauch. Geben Sie das Olivenöl hinzu und vermengen Sie alles gut, bis eine krümelige Mischung entsteht. Schmecken Sie die Mischung mit Salz und Pfeffer ab.

3 Würzen Sie die Lachsfilets mit Salz und Pfeffer und legen Sie sie in die vorbereitete Auflaufform.

4 Verteilen Sie die Kräuter-Paniermehl-Mischung gleichmäßig auf den Lachsfilets und drücken Sie sie leicht an, um sie zu fixieren.

5 Geben Sie die Auflaufform in den vorgeheizten Backofen und backen Sie den Lachs für etwa 12 bis 15 Minuten oder bis er durchgegart ist und die Kruste goldbraun und knusprig ist.

6 Nehmen Sie den Lachs aus dem Ofen und lassen Sie ihn einige Minuten ruhen. Garnieren Sie ihn mit Zitronenscheiben und servieren Sie ihn.

LACHS-CARPACCIO

4 Port. | 50 Min. | Leicht

Zutaten

250 g frisches Lachsfilet
2 EL Olivenöl
1 EL Zitronensaft
Salz und Pfeffer nach Geschmack
1 TL Kapern
1 TL gehackte frische Petersilie
1 TL gehackter frischer Dill
Rucola oder gemischter Blattsalat zum Servieren
Zitronenscheiben zum Garnieren

Nährwerte p. P.

280 kcal
2 g Kohlenhydrate
19 g Fett
1 g Ballaststoffe
22 g Eiweiß

1 Legen Sie das Lachsfilet für etwa 10 Minuten in den Gefrierschrank, um es etwas zu kühlen. Dadurch wird es einfacher, den Lachs in dünne Scheiben zu schneiden.

2 Nehmen Sie den Lachs aus dem Gefrierschrank und schneiden Sie ihn mit einem scharfen Messer in hauchdünne Scheiben. Achten Sie darauf, den Lachs entlang der Faser zu schneiden, um eine zarte Textur zu erhalten.

3 Arrangieren Sie die Lachsscheiben auf einem Teller in einer einzigen Schicht.

4 In einer kleinen Schüssel mischen Sie das Olivenöl, den Zitronensaft, Salz und Pfeffer. Verteilen Sie die Dressing-Mischung gleichmäßig über dem Lachs.

5 Streuen Sie Kapern, gehackte Petersilie und Dill über das Lachs-Carpaccio. Decken Sie den Teller mit Frischhaltefolie ab und stellen Sie ihn für etwa 30 Minuten in den Kühlschrank, damit die Aromen sich gut entfalten können.

6 Vor dem Servieren legen Sie Rucola oder gemischten Blattsalat auf einen Teller. Verteilen Sie das Lachs-Carpaccio vorsichtig darüber.

7 Garnieren Sie das Lachs-Carpaccio mit Zitronenscheiben und servieren Sie es sofort.

FISCHTATAR

4 Port. | 50 Min. | Leicht

Zutaten

250 g frisches Lachsfilet, gehackt
1 kleine Zwiebel, fein gehackt
1 EL Kapern, abgetropft und gehackt
2 TL Zitronensaft
1 EL Olivenöl
Salz und Pfeffer nach Geschmack
1 TL gehackte frische Petersilie
1 TL gehackter frischer Dill
Rucola oder gemischter Blattsalat zum Servieren
Zitronenscheiben zum Garnieren

Nährwerte p. P.

200 kcal
4 g Kohlenhydrate
9 g Fett
1 g Ballaststoffe
25 g Eiweiß

1 In einer Schüssel geben Sie das gehackte Lachsfilet, die fein gehackte Zwiebel und die gehackten Kapern zusammen.

2 Fügen Sie den Zitronensaft, das Olivenöl, Salz und Pfeffer hinzu. Vermischen Sie alle Zutaten gründlich, um die Aromen zu kombinieren und eine gleichmäßige Verteilung zu erreichen.

3 Fügen Sie die gehackte Petersilie und den gehackten Dill hinzu und rühren Sie sie vorsichtig unter, um die frischen Kräuter gut einzuarbeiten.

4 Decken Sie die Schüssel mit Frischhaltefolie ab und stellen Sie sie für mindestens 30 Minuten in den Kühlschrank. Dadurch haben die Aromen Zeit, sich zu verbinden und das Lachstatar köstlich zu machen.

5 Vor dem Servieren legen Sie Rucola oder gemischten Blattsalat auf einen Teller als Basis. Verwenden Sie einen Servierring, um das Lachstatar auf dem Salatbett zu formen. Drücken Sie es sanft nach unten, um eine gleichmäßige Form zu erhalten.

6 Garnieren Sie das Lachstatar mit einigen Zitronenscheiben, um einen erfrischenden Geschmack zu verleihen und eine ansprechende Präsentation zu schaffen.

7 Servieren Sie das Lachstatar sofort, um den frischen Geschmack zu bewahren und den Genuss zu maximieren.

Tipp: Genießen Sie Ihr Lachstatar als elegante Vorspeise oder als leichtes Hauptgericht. Sie können es mit knusprigem Brot oder gerösteten Baguettescheiben servieren. Guten Appetit!

Vegane & vegetarische Hauptgerichte

SPINATSPÄTZLE

2 Port. | 30 Min. | Leicht

Zutaten

250 g Spinat (frisch oder tiefgekühlt)
250 g Mehl
2 Eier
Salz nach Geschmack

Optional:
Gewürze wie Muskatnuss oder Pfeffer

Nährwerte p. P.

250 kcal
50 g Kohlenhydrate
4 g Fett
5 g Ballaststoffe
10 g Protein

1 Sie sollten den Spinat gründlich waschen und die Stiele entfernen. Wenn Sie tiefgefrorenen Spinat verwenden, lassen Sie ihn auftauen. Den Spinat in einem Topf mit etwas Wasser dünsten, bis er zusammenfällt und weich wird. Den gekochten Spinat gut abtropfen lassen und anschließend fein hacken oder pürieren.

2 In einer Schüssel sollten Sie das Mehl, die Eier und den gehackten Spinat vermischen. Mit Salz würzen und nach Bedarf Gewürze wie Muskatnuss oder Pfeffer hinzufügen. Den Teig gründlich zu einem geschmeidigen, klebrigen Teig verrühren. Einen großen Topf mit Salzwasser zum Kochen bringen.

3 Den Teig portionsweise auf ein Spätzlebrett oder eine Spätzlepresse geben und ins kochende Wasser drücken oder schaben. Alternativ können Sie den Teig auch auf ein nasses Schneidebrett geben und mit einem Messer schaben.

4 Die Spätzle kurz kochen lassen, bis sie an die Oberfläche steigen. Mit einem Schaumlöffel herausnehmen und abtropfen lassen. Die fertigen Spinatspätzle können Sie nach Belieben mit einer Sauce oder Beilage servieren.

KARTOFFELGEMÜSE

4 Port. | 40 Min. | Leicht

Zutaten

500 g Kartoffeln
300 g Rosenkohl
200 g fester Tofu
1 Zwiebel
2 Knoblauchzehen
2 EL Olivenöl
1 EL Sojasauce
1 TL Paprikapulver
1 TL getrockneter Thymian
Salz und Pfeffer nach Geschmack

Nährwerte p. P.

315 kcal
39 g Kohlenhydrate
12 g Fett
8 g Ballaststoffe
15 g Protein

1 Um das vegane Gericht "Kartoffel-Rosenkohl-Gemüse mit Kräuter-Tofu" zuzubereiten, beginnen Sie damit, die Kartoffeln zu schälen und in kleine Würfel zu schneiden. Den Rosenkohl putzen Sie, indem Sie die äußeren Blätter entfernen und ihn halbieren. Die Zwiebel und den Knoblauch schälen Sie und hacken sie fein.

2 In einem großen Topf bringen Sie Wasser zum Kochen. Geben Sie die Kartoffelwürfel in das kochende Wasser und lassen Sie sie etwa 10 Minuten vorkochen. Anschließend fügen Sie den Rosenkohl hinzu und kochen ihn weitere 5 bis 7 Minuten, bis sowohl die Kartoffeln als auch der Rosenkohl weich sind. Sobald das Gemüse gar ist, gießen Sie es ab und stellen es beiseite.

3 Während das Gemüse kocht, schneiden Sie den Tofu in kleine Würfel. Erhitzen Sie in einer Pfanne das Olivenöl und braten Sie die gehackte Zwiebel darin glasig an. Geben Sie den gehackten Knoblauch hinzu und braten Sie ihn kurz mit.

4 Nun fügen Sie die Tofuwürfel in die Pfanne und würzen sie mit Sojasauce, Paprikapulver, Thymian, Salz und Pfeffer nach Geschmack. Braten Sie den Tofu unter gelegentlichem Rühren goldbraun an.

5 Geben Sie das vorgekochte Kartoffel-Rosenkohl-Gemüse zu dem angebratenen Tofu in die Pfanne und vermengen Sie alles gut miteinander. Bei Bedarf können Sie nochmals mit Salz und Pfeffer abschmecken.

6 Servieren Sie das Kartoffel-Rosenkohl-Gemüse mit Kräuter-Tofu heiß.

SÜDTIROLER KÄSEKNÖDEL

4 Port. | 1 Std. | Leicht

Zutaten

300 g altbackenes Weißbrot oder Semmelknödelbrot
200 g Südtiroler Bergkäse oder ein anderer würziger Hartkäse, gerieben
100 g Südtiroler Speck, fein gewürfelt
2 Zwiebeln, fein gehackt
3 EL Petersilie, gehackt
3 Eier
150 ml Milch (vegane Milch kann als Alternative verwendet werden)
3 EL Mehl
Salz und Pfeffer nach Geschmack
Butter oder Öl zum Anbraten der Knödel

Nährwerte p. P.

450 kcal
34 g Kohlenhydrate
26 g Fett
3 g Ballaststoffe
20 g Protein

1 Sie können das altbackene Weißbrot oder Semmelknödelbrot in kleine Würfel schneiden und in eine große Schüssel geben.

2 Fügen Sie den geriebenen Käse, gewürfelten Speck, gehackte Zwiebeln und Petersilie zu den Brotwürfeln hinzu und vermengen Sie alles gut miteinander.

3 In einer separaten Schüssel sollten Sie die Eier aufschlagen und verquirlen. Geben Sie Milch, Mehl, Salz und Pfeffer hinzu und verrühren Sie alles zu einer homogenen Mischung.

4 Gießen Sie die Eiermischung über die Brot-Käse-Mischung und vermengen Sie alles gründlich, bis alle Zutaten gut miteinander verbunden sind. Der Teig sollte feucht, aber nicht zu klebrig sein. Falls erforderlich, können Sie etwas mehr Milch hinzufügen.

5 Lassen Sie den Knödelteig für ca. 15 bis 20 Minuten ruhen, damit das Brot die Flüssigkeit aufnehmen kann.

6 Bringen Sie in einem großen Topf reichlich Salzwasser zum Kochen.

7 Formen Sie mit leicht angefeuchteten Händen Knödel und geben Sie sie vorsichtig in das kochende Wasser. Reduzieren Sie die Hitze auf mittlere Stufe und lassen Sie die Knödel für ca. 15 bis 20 Minuten sanft simmern, bis sie aufsteigen und gar sind.

8 Nehmen Sie die gegarten Käseknödel mit einem Schaumlöffel aus dem Wasser und lassen Sie sie auf einem Teller abtropfen.

9 Erhitzen Sie in einer Pfanne Butter oder Öl und braten Sie die Knödel von beiden Seiten goldbraun an.

10 Servieren Sie die Südtiroler Käseknödel heiß und garnieren Sie sie nach Belieben mit frischer Petersilie.

SPINATKNÖDEL MIT PARMESAN

4 Port. | 1 Std. | Leicht

Zutaten

500 g frischer Spinat
250 g Semmelbrösel (Paniermehl)
150 g Südtiroler Bergkäse oder Parmesan, gerieben
2 Eier
2 Knoblauchzehen, fein gehackt
1 Zwiebel, fein gehackt
3 EL Mehl
2 EL Butter
Salz und Pfeffer nach Geschmack
Parmesan zum Garnieren

Optional:
Muskatnuss, gerieben

Nährwerte p. P.

380 kcal
40 g Kohlenhydrate
15 g Fett
5 g Ballaststoffe
20 g Protein

1 Sie sollten den frischen Spinat gründlich waschen und die Stiele entfernen. Blanchieren Sie den Spinat in einem Topf mit kochendem Wasser, bis er zusammengefallen ist. Gießen Sie den Spinat ab und lassen Sie ihn abkühlen. Drücken Sie den Spinat gut aus, um die überschüssige Flüssigkeit zu entfernen.

2 Hacken Sie den abgetropften Spinat fein und geben Sie ihn in eine große Schüssel.

3 Fügen Sie Semmelbrösel, geriebenen Käse, Eier, gehackten Knoblauch, gehackte Zwiebel, Mehl und Butter hinzu. Würzen Sie mit Salz, Pfeffer und Muskatnuss nach Geschmack.

4 Vermengen Sie alle Zutaten gut, bis eine gleichmäßige Masse entsteht. Lassen Sie den Teig für etwa 20 Minuten ruhen, damit die Semmelbrösel die Feuchtigkeit aufnehmen können.

5 Bringen Sie in einem großen Topf reichlich Salzwasser zum Kochen.

6 Formen Sie mit leicht angefeuchteten Händen Knödel und geben Sie sie vorsichtig in das kochende Wasser. Reduzieren Sie die Hitze auf mittlere Stufe und lassen Sie die Knödel für ca. 15 bis 20 Minuten sanft simmern, bis sie aufsteigen und gar sind.

7 Nehmen Sie die gegarten Spinatknödel mit einem Schaumlöffel aus dem Wasser und lassen Sie sie auf einem Teller abtropfen.

8 Bestreuen Sie die Südtiroler Spinatknödel mit Parmesan und servieren Sie sie heiß.

RADICCHIO-RISOTTO

4 Port. | 35 Min. | Leicht

Zutaten

300 g Risotto-Reis
1 Radicchio (ca. 200 g), in feine Streifen geschnitten
1 Zwiebel, fein gehackt
2 Knoblauchzehen, fein gehackt
1 Liter Gemüsebrühe
50 g geriebener Parmesan
2 EL Olivenöl
2 EL Butter
Salz und Pfeffer nach Geschmack

Optional:
100 ml Weißwein

Nährwerte p. P.

400 kcal
55 g Kohlenhydrate
14 g Fett
4 g Ballaststoffe
12 g Protein

1 Sie sollten die Gemüsebrühe in einem Topf erhitzen und warm halten.

2 In einem weiteren Topf sollten Sie das Olivenöl erhitzen und die gehackte Zwiebel darin glasig anschwitzen. Fügen Sie den gehackten Knoblauch hinzu und braten Sie ihn kurz mit.

3 Geben Sie den Risotto-Reis in den Topf und braten Sie ihn unter Rühren circa zwei Minuten an, bis die Reiskörner leicht glasig werden.

4 Optional können Sie den Weißwein hinzufügen und unter Rühren einkochen lassen, bis der Wein fast vollständig verdampft ist.

5 Fügen Sie nun nach und nach eine Kelle der warmen Gemüsebrühe zum Reis hinzu. Rühren Sie kontinuierlich, bis die Flüssigkeit vom Reis aufgenommen wurde. Fahren Sie fort, nach und nach Brühe hinzuzufügen und zu rühren, bis der Reis al dente ist (ca. 18 bis 20 Minuten).

6 Fügen Sie den geschnittenen Radicchio zum Risotto hinzu und rühren Sie gut um, bis der Radicchio leicht welk geworden ist.

7 Rühren Sie den geriebenen Parmesan und die Butter unter das Risotto, bis beides geschmolzen und gut verteilt ist. Schmecken Sie mit Salz und Pfeffer ab.

8 Lassen Sie das Radicchio-Risotto einige Minuten ruhen, damit es etwas abkühlt und die Aromen sich entfalten können.

9 Verteilen Sie das Radicchio-Risotto auf Teller und garnieren Sie es nach Belieben mit frisch geriebenem Parmesan.

SÜDTIROLER PIZZATEIG

4 Port. | 1 Std. | Leicht

Zutaten

500 g Weizenmehl (Typ 00 oder Pizzamehl)
1 Päckchen Trockenhefe (ca. 7 g)
1 TL Zucker
1 TL Salz
300 ml lauwarmes Wasser
2 EL Olivenöl

Nährwerte p. P.

275 kcal
52 g Kohlenhydrate
4 g Fett
2 g Ballaststoffe
7 g Protein

1 In einer kleinen Schüssel geben Sie die Trockenhefe und den Zucker zum lauwarmen Wasser. Rühren Sie gut um und lassen Sie die Mischung 5 bis 10 Minuten stehen, bis die Hefe aktiviert wird und Blasen bildet.

2 In einer großen Schüssel vermischen Sie das Mehl und das Salz. Formen Sie eine Mulde in der Mitte des Mehls und gießen Sie die Hefe-Zucker-Mischung sowie das Olivenöl hinein. Mit einer Gabel arbeiten Sie langsam das Mehl von den Seiten der Mulde in die Flüssigkeit ein, bis ein grober Teig entsteht.

3 Geben Sie den Teig auf eine leicht bemehlte Arbeitsfläche und kneten Sie ihn mit den Händen etwa 10 Minuten lang kräftig durch, bis er glatt, elastisch und nicht mehr klebrig ist.

4 Formen Sie den Teig zu einer Kugel und legen Sie ihn in eine leicht geölte Schüssel. Decken Sie die Schüssel mit einem feuchten Küchentuch ab und lassen Sie den Teig an einem warmen Ort etwa eine Stunde lang gehen, bis sich sein Volumen verdoppelt hat.

5 Nachdem der Teig gegangen ist, geben Sie ihn erneut auf eine bemehlte Arbeitsfläche und kneten ihn vorsichtig, um überschüssige Luft zu entfernen.

6 Teilen Sie den Teig in gewünschte Portionen und formen Sie daraus Pizzakugeln. Bestäuben Sie jede Kugel mit Mehl, decken Sie sie mit einem Küchentuch ab und lassen Sie sie weitere 30 Minuten ruhen.

7 Heizen Sie den Backofen auf die höchste Temperatur vor (ideal wären 250 bis 280 °C) und heizen Sie den Pizzastein oder das Backblech im Ofen mit.

8 Rollen Sie jede Teigkugel zu einer runden Pizzaform aus, etwa 0,5 cm dick. Belegen Sie die Pizzen nach Belieben mit gewünschten Zutaten.

9 Legen Sie die Pizzen auf den vorgeheizten Pizzastein oder das Backblech und backen Sie sie etwa 10 bis 15 Minuten lang, bis der Teig knusprig und goldbraun ist.

10 Nehmen Sie die Pizzen aus dem Ofen und lassen Sie sie einige Minuten abkühlen, bevor Sie sie servieren.

LAGREIN NUDELN – ROTWEINNUDELN

4 Port. | 1 Std. | Leicht

Zutaten

250 g Weizenmehl
2 Eier
2 EL Rotwein
Prise Salz

Nährwerte p. P.

230 kcal
44 g Kohlenhydrate
2 g Fett
2 g Ballaststoffe
8 g Protein

1 In einer großen Schüssel mischen Sie das Weizenmehl und eine Prise Salz.

2 Formen Sie in der Mitte des Mehls eine Mulde und schlagen Sie die Eier hinein. Fügen Sie den Rotwein hinzu. Verquirlen Sie die Eier und den Rotwein in der Mulde leicht mit einer Gabel.

3 Arbeiten Sie nach und nach das Mehl von den Seiten der Mulde in die Ei-Mischung ein, bis ein zusammenhängender Teig entsteht.

4 Kneten Sie den Teig auf einer bemehlten Arbeitsfläche, bis er glatt und elastisch ist. Fügen Sie bei Bedarf mehr Mehl hinzu, um den Teig nicht klebrig zu machen.

5 Formen Sie den Teig zu einer Kugel, wickeln Sie ihn in Frischhaltefolie ein und lassen Sie ihn für ca. 30 Minuten ruhen.

6 Rollen Sie den Teig portionsweise auf einer bemehlten Arbeitsfläche dünn aus.

7 Schneiden Sie mit einem Teigrädchen oder einem Messer die Nudeln in die gewünschte Form, zum Beispiel als Tagliatelle oder Fettuccine.

8 Bringen Sie in einem großen Topf gesalzenes Wasser zum Kochen und kochen Sie die Rotweinnudeln darin al dente. Die genaue Kochzeit hängt von der Dicke der Nudeln ab, daher empfiehlt es sich, die Nudeln regelmäßig zu überprüfen.

9 Gießen Sie die gekochten Rotweinnudeln ab und servieren Sie sie nach Belieben mit einer Sauce, zum Beispiel einer Tomaten- oder Sahnesauce.

REISRISOTTO MIT FRISCHEN KRÄUTERN

4 Port. | 1 Std. | Leicht

Zutaten

200 g Risottoreis
1 Zwiebel, fein gehackt
2 Knoblauchzehen, fein gehackt
200 g gemischtes saisonales Gemüse (z. B. Zucchini, Paprika, Karotten), gewürfelt
250 ml Gemüsebrühe
100 ml trockener Weißwein
2 EL Olivenöl
Salz und Pfeffer nach Geschmack
Frische Kräuter (z. B. Petersilie oder Basilikum) zum Garnieren

Optional:
50 g geriebener Parmesan (für die vegane Variante weglassen)

Nährwerte p. P.

350 kcal
55 g Kohlenhydrate
10 g Fett
3 g Ballaststoffe
7 g Eiweiß

1 Erhitzen Sie das Olivenöl in einem Topf bei mittlerer Hitze. Fügen Sie die gehackte Zwiebel und den Knoblauch hinzu und braten Sie sie glasig an.

2 Geben Sie den Risottoreis in den Topf und rühren Sie ihn etwa eine Minute lang um, bis er mit dem Öl bedeckt ist und leicht anbrät.

3 Gießen Sie den Weißwein in den Topf und rühren Sie, bis der Reis den Wein aufgenommen hat.

4 Fügen Sie nach und nach die Gemüsebrühe hinzu, etwa eine Kelle auf einmal, und rühren Sie kontinuierlich, bis der Reis die Flüssigkeit absorbiert hat. Diesen Vorgang wiederholen Sie, bis der Reis cremig ist und die gewünschte Konsistenz erreicht hat. Dies dauert normalerweise etwa 20 bis 25 Minuten.

5 Währenddessen können Sie das gemischte Gemüse in einer separaten Pfanne mit etwas Olivenöl anbraten, bis es bissfest ist.

6 Sobald der Risottoreis gekocht ist, fügen Sie das angebratene Gemüse hinzu und mischen es vorsichtig unter. Schmecken Sie das Gericht mit Salz und Pfeffer ab.

7 Optional können Sie den geriebenen Parmesan unterrühren, um dem Risotto eine cremige Konsistenz und zusätzlichen Geschmack zu verleihen.

8 Servieren Sie das Risotto heiß und garnieren Sie es mit frischen Kräutern wie Petersilie oder Basilikum.

SPINATBANDNUDELN MIT KÄSE

4 Port. | 1 Std. | Leicht

Zutaten

250 g Spinatbandnudeln
200 g frischer Spinat
2 Knoblauchzehen, fein gehackt
1 Zwiebel, fein gehackt
200 ml Sahne (für eine leichtere Variante können Sie auch Fettarme Sahne oder Man-delsahne verwenden)
2 EL Olivenöl
Salz und Pfeffer nach Geschmack
1 Prise Muskatnuss
Einige Kirschtomaten zum Garnieren
Frische Basilikumblätter zum Garnieren

Optional:
50 g geriebener Parmesan (für die vegane Variante weglassen)

Nährwerte p. P.

450 kcal
50 g Kohlenhydrate
20 g Fett
5 g Ballaststoffe
15 g Eiweiß

1 Kochen Sie die Spinatbandnudeln gemäß den Anweisungen auf der Verpackung al dente. Abgießen und beiseitestellen.

2 In einer Pfanne erhitzen Sie das Olivenöl bei mittlerer Hitze. Fügen Sie die gehackte Zwiebel und den Knoblauch hinzu und braten Sie sie glasig an.

3 Geben Sie den frischen Spinat in die Pfanne und kochen Sie ihn, bis er zusammengefallen ist. Dies dauert normalerweise nur wenige Minuten.

4 Fügen Sie die Sahne zu dem Spinat in der Pfanne hinzu und rühren Sie gut um. Lassen Sie die Sahne leicht eindicken.

5 Fügen Sie den geriebenen Parmesan hinzu (optional) und rühren Sie, bis er geschmolzen ist und eine cremige Sauce entsteht.

6 Schmecken Sie die Sauce mit Salz, Pfeffer und einer Prise Muskatnuss ab.

7 Geben Sie die gekochten Spinatbandnudeln in die Pfanne und mischen Sie sie vorsichtig mit der Sauce, um sie gleichmäßig zu überziehen.

8 Servieren Sie die Spinatbandnudeln heiß und garnieren Sie sie mit einigen halbierten Kirschtomaten und frischen Basilikumblättern.

Desserts

BUCHWEIZENTORTE

8 Port. | 1 Std. | Leicht

Zutaten

200 g Buchweizenmehl
100 g gemahlene Mandeln
100 g Butter
100 g Zucker
4 Eier
1 TL Backpulver
1 Prise Salz
200 ml Sahne
2 EL Honig
Frische Beeren (zur Dekoration)

Nährwerte p. P.

330 kcal
30 g Kohlenhydrate
20 g Fett
4 g Ballaststoffe
8 g Eiweiß
12 g Zucker

1 Heizen Sie den Ofen auf 180 °C (Umluft) vor. Fetten Sie eine Springform (ca. 24 cm Durchmesser) leicht ein und legen Sie den Boden mit Backpapier aus.

2 In einer Schüssel mischen Sie das Buchweizenmehl, die gemahlenen Mandeln, das Backpulver und eine Prise Salz.

3 In einer separaten Schüssel schlagen Sie die Butter und den Zucker mit einem Handmixer oder einer Küchenmaschine cremig. Fügen Sie nach und nach die Eier hinzu und schlagen Sie die Mischung gut durch.

4 Geben Sie die trockenen Zutaten zur Butter-Zucker-Mischung und rühren Sie alles gut zusammen, bis ein glatter Teig entsteht.

5 Gießen Sie den Teig in die vorbereitete Springform und verteilen Sie ihn gleichmäßig.

6 Backen Sie die Buchweizentorte für etwa 25 bis 30 Minuten im vorgeheizten Ofen oder bis sie goldbraun ist und ein Zahnstocher, den Sie in die Mitte stecken, sauber herauskommt.

7 Während die Torte abkühlt, schlagen Sie die Sahne steif und rühren Sie den Honig unter.

8 Sobald die Buchweizentorte abgekühlt ist, entfernen Sie sie vorsichtig aus der Springform und platzieren sie auf einer Servierplatte. Verteilen Sie die geschlagene Sahne großzügig auf der Torte.

9 Dekorieren Sie die Torte mit frischen Beeren und servieren Sie sie.

MARILLENKNÖDEL

8 Port. | 40 Min. | Leicht

Zutaten

8 reife Marillen (Aprikosen)
250 g Kartoffeln, gekocht und gepresst
200 g Mehl
1 Ei
1 Prise Salz
8 Stück Würfelzucker
Butter zum Braten
2 EL Semmelbrösel
2 EL Zucker
Zimt zum Bestreuen
Puderzucker zum Garnieren

Nährwerte p. P.

240 kcal
50 g Kohlenhydrate
2 g Fett
4 g Ballaststoffe
5 g Eiweiß
15 g Zucker

1 Waschen Sie die Marillen (Aprikosen) gründlich, halbieren Sie sie und entfernen Sie die Kerne.

2 In einer Schüssel vermischen Sie die gekochten und gepressten Kartoffeln, das Mehl, das Ei und eine Prise Salz. Kneten Sie die Zutaten zu einem geschmeidigen Teig.

3 Teilen Sie den Teig in 8 gleich große Portionen und formen Sie daraus flache Kreise.

4 Platzieren Sie je einen Würfelzucker in die Mitte jeder Marille.

5 Legen Sie eine Marille auf jeden Teigkreis und formen Sie den Teig vorsichtig um die Marille, sodass sie komplett bedeckt ist. Rollen Sie den Knödel zwischen den Handflächen, um ihn zu formen und sicherzustellen, dass die Marille gut eingeschlossen ist.

6 Bringen Sie in einem großen Topf Wasser zum Kochen. Salzen Sie das Wasser leicht und geben Sie die Knödel vorsichtig hinein. Kochen Sie sie für etwa 12 bis 15 Minuten, bis sie an die Oberfläche steigen und die Teighülle gar ist.

7 In einer Pfanne erhitzen Sie etwas Butter und braten die Semmelbrösel darin goldbraun an. Geben Sie den Zucker hinzu und mischen Sie ihn gut unter die Semmelbrösel.

8 Sobald die Knödel fertig sind, heben Sie sie mit einem Schaumlöffel aus dem Wasser und lassen sie kurz abtropfen.

9 Wälzen Sie die abgetropften Knödel in der Semmelbrösel-Zucker-Mischung, sodass sie gut bedeckt sind.

10 Servieren Sie die Marillenknödel warm auf einem Teller. Bestreuen Sie sie mit etwas Zimt und garnieren Sie sie mit Puderzucker.

NUSSTORTE

8 Port. | 1 Std. | Leicht

Zutaten

Für den Teig:
200 g Mehl
100 g kalte Butter
70 g Puderzucker
1 Ei

Für die Füllung:
200 g gemahlene Nüsse (z. B. Haselnüsse oder Walnüsse)
150 g Zucker
3 Eier
150 ml Sahne
1 TL Vanilleextrakt
1 Prise Salz

Nährwerte p. P.

380 kcal
32 g Kohlenhydrate
26 g Fett
2 g Ballaststoffe
7 g Eiweiß
22 g Zucker

1 Für den Teig geben Sie das Mehl, die kalte Butter in kleinen Stücken und den Puderzucker in eine Schüssel. Verreiben Sie die Zutaten mit den Fingerspitzen zu einer krümeligen Konsistenz.

2 Fügen Sie das Ei hinzu und kneten Sie schnell zu einem glatten Teig. Formen Sie den Teig zu einer Kugel, wickeln Sie ihn in Frischhaltefolie ein und lassen Sie ihn ca. 30 Minuten im Kühlschrank ruhen.

3 Nehmen Sie den Teig aus dem Kühlschrank und rollen Sie ihn auf einer leicht bemehlten Arbeitsfläche aus. Fetten Sie eine runde Springform (ca. 24 cm Durchmesser) ein und drücken Sie den Teig gleichmäßig in die Form, wobei ein Rand entsteht.

4 Für die Füllung vermischen Sie die gemahlenen Nüsse, den Zucker, die Eier, die Sahne, das Vanilleextrakt und eine Prise Salz in einer Schüssel gut.

5 Geben Sie die Nussmischung auf den Teig in der Springform und streichen Sie sie glatt.

6 Backen Sie die Torte im vorgeheizten Backofen bei 180 °C (Umluft) für ca. 40 bis 45 Minuten, bis sie goldbraun ist und die Füllung fest geworden ist. Lassen Sie die Torte nach dem Backen vollständig abkühlen.

7 Lösen Sie die abgekühlte Torte vorsichtig aus der Springform und geben Sie sie auf eine Servierplatte oder Tortenplatte.

ZELTEN – TIROLER WEIHNACHTSKUCHEN

8 Port. 2 Std. Leicht

Zutaten

Je 250 g getrocknete Feigen, Datteln, Aprikosen und Zwetschgen
250 g getrocknete Datteln
250 g Rosinen
Je 200 g Walnüsse, Haselnüsse und Mandeln
200 g Zucker
Je 250 g Roggenmehl und Weizenmehl
4 Eier
200 ml Milch
200 ml Rotwein
Je 1 TL Zimt, Nelkenpulver und Muskatnusspulver
1 TL Backpulver
Prise Salz
Butter zum EinFetten der Form

Optional:
Puderzucker zum Bestreuen

Nährwerte p. P.

450 kcal
55 g Kohlenhydrate
20 g Fett
7 g Ballaststoffe
8 g Protein

1 Die getrockneten Feigen, Datteln, Rosinen, Aprikosen und Zwetschgen werden grob gehackt und in eine große Schüssel gegeben. Sie können nun die Walnüsse, Haselnüsse und Mandeln ebenfalls grob hacken und zur Schüssel hinzufügen.

2 Geben Sie nun das Roggenmehl, Weizenmehl, Zucker, Zimt, Nelkenpulver, Muskatnusspulver, Backpulver und eine Prise Salz zu den Trockenfrüchten und Nüssen. Vermengen Sie alles gut miteinander.

3 In einer separaten Schüssel verquirlen Sie die Eier und fügen anschließend Milch und Rotwein hinzu. Gießen Sie die Flüssigkeitsmischung zu den trockenen Zutaten und vermengen Sie alles gründlich, bis ein gleichmäßiger Teig entsteht.

4 Heizen Sie den Backofen auf 180 °C vor und Fetten Sie eine Kastenform mit Butter ein. Füllen Sie den Teig in die Form und streichen Sie ihn glatt.

5 Die Zelten werden nun im vorgeheizten Backofen für etwa 1,5 Stunden gebacken, bis sie goldbraun sind und ein in die Mitte gesteckter Zahnstocher sauber herauskommt. Nehmen Sie die Zelten aus dem Ofen und lassen Sie sie vollständig abkühlen.

Tipp: Optional können Sie die Zelten mit Puderzucker bestreuen und in Scheiben schneiden, um sie zu servieren.

STRAUBEN

8 Port. | 1 Std. | Leicht

Zutaten

250 g Mehl
2 EL Zucker
1 Prise Salz
2 Eier
250 ml Milch
1 TL Vanillezucker
Öl zum Frittieren
Puderzucker zum Bestreuen

Nährwerte p. P.

385 kcal
63 g Kohlenhydrate
9 g Fett
2 g Ballaststoffe
12 g Eiweiß

1 In einer großen Schüssel mischen Sie das Mehl, den Zucker und das Salz gründlich. Fügen Sie die Eier und Milch hinzu und verrühren Sie alles zu einem glatten Teig. Lassen Sie den Teig etwa 30 Minuten ruhen.

2 Erhitzen Sie ausreichend Öl in einem großen Topf. Geben Sie den Vanillezucker zum Teig und rühren Sie nochmals gut um. Tauchen Sie eine Straubenform in das heiße Öl ein und lassen Sie überschüssiges Öl abtropfen.

3 Tauchen Sie die Straubenform anschließend vollständig in den Teig und geben Sie sie sofort in das heiße Öl. Backen Sie die Strauben im Öl goldbraun und wenden Sie sie einmal.

4 Nehmen Sie die fertigen Strauben mit einer Schaumkelle aus dem Öl und lassen Sie sie auf Küchenpapier abtropfen. Bestreuen Sie sie mit Puderzucker und servieren Sie sie warm.

BUCHTELN

8 Port. | 1 Std. | Leicht

Zutaten

500 g Mehl
1 Päckchen Trockenhefe
60 g Zucker
1 Prise Salz
250 ml Milch
60 g weiche Butter
2 Eier
200 g Marmelade (z. B. Marille oder Erdbeere)
Puderzucker zum Bestreuen
Etwas geschmolzene Butter

Nährwerte p. P.

250 kcal
45 g Kohlenhydrate
5 g Fett
2 g Ballaststoffe
6 g Eiweiß

1 In einer großen Schüssel vermischen Sie das Mehl mit der Trockenhefe und dem Zucker. Erwärmen Sie die Milch leicht und geben Sie sie zusammen mit der Butter, den Eiern und einer Prise Salz zur Mehlmischung.

2 Kneten Sie alles gut miteinander, bis ein geschmeidiger Teig entsteht. Decken Sie den Teig ab und lassen Sie ihn an einem warmen Ort für etwa eine Stunde gehen, bis er sein Volumen verdoppelt hat.

3 Kneten Sie den Teig auf einer bemehlten Arbeitsfläche nochmals kurz durch und formen Sie ihn zu einer Rolle. Schneiden Sie etwa 12 gleich große Stücke aus der Teigrolle.

4 Drücken Sie die Teigstücke jeweils flach und geben Sie etwas Marmelade in die Mitte. Drücken Sie den Teig über der Füllung zusammen und formen Sie ihn zu einer Kugel. Setzen Sie die Buchtel mit der Nahtseite nach unten in eine geFettete Auflaufform.

5 Decken Sie die Buchteln erneut ab und lassen Sie sie weitere 30 Minuten gehen. Heizen Sie in der Zwischenzeit den Ofen auf 180 °C Umluft vor.

6 Bestreichen Sie die gegangenen Buchteln mit etwas geschmolzener Butter und backen Sie sie im vorgeheizten Ofen für ca. 20 bis 25 Minuten goldbraun.

7 Nehmen Sie die fertigen Buchteln aus dem Ofen und lassen Sie sie etwas abkühlen. Bestäuben Sie sie vor dem Servieren mit Puderzucker.

GRIEßPUDDING TIROLER ART

2 Port. | 25 Min. | Leicht

Zutaten

500 ml Milch
50 g Hartweizengrieß
50 g Zucker
1 Vanilleschote
Fruchtsauce (z. B. Beeren- oder Kirschsaft) zum Servieren

Optional:
Zitronenschale

Nährwerte p. P.

220 kcal
44 g Kohlenhydrate
2 g Fett
1 g Ballaststoffe
7 g Eiweiß

1 In einem Topf bringen Sie die Milch zum Kochen. Schneiden Sie die Vanilleschote längs auf und kratzen Sie das Mark heraus. Geben Sie das Vanillemark zusammen mit der Schote in die Milch. Optional können Sie auch etwas Zitronenschale hinzufügen, um dem Pudding eine frische Note zu verleihen.

2 Rühren Sie langsam den Grieß in die kochende Milch ein und achten Sie darauf, dass keine Klumpen entstehen. Fügen Sie den Zucker hinzu und rühren Sie weiter, bis der Pudding eine cremige Konsistenz erreicht.

3 Lassen Sie den Grießpudding bei niedriger Hitze für ca. 10 bis 15 Minuten köcheln und rühren Sie regelmäßig um, damit nichts anbrennt. Der Pudding sollte eine dickflüssige Konsistenz haben.

4 Entfernen Sie die Vanilleschote aus dem Pudding und füllen Sie den Grießpudding in Schälchen oder Gläser. Lassen Sie den Pudding abkühlen und stellen Sie ihn für mindestens eine Stunde in den Kühlschrank, damit er fest wird.

5 Vor dem Servieren garnieren Sie den Grießpudding mit einer Fruchtsauce, wie zum Beispiel Beeren- oder Kirschsaft. Der Pudding kann entweder warm oder kalt genossen werden.

TIROLER HARTWEIZENGRIEß

3 Port. 25 Min. Leicht

Zutaten

100 g Hartweizengrieß
500 ml Milch
50 g Zucker
1 Prise Salz

Optional:
1 TL Butter
Zimt und Zucker zum Bestreuen

Nährwerte p. P.

300 kcal
56 g Kohlenhydrate
4 g Fett
2 g Ballaststoffe
10 g Eiweiß

1 In einem Topf bringen Sie die Milch zum Kochen. Fügen Sie eine Prise Salz hinzu.

2 Rühren Sie langsam den Hartweizengrieß in die kochende Milch ein, um Klumpenbildung zu vermeiden. Rühren Sie kontinuierlich, bis der Grieß eingedickt ist.

3 Fügen Sie den Zucker hinzu und rühren Sie weiter, bis der Grießpudding eine cremige Konsistenz erreicht. Optional können Sie auch einen Teelöffel Butter hinzufügen, um den Geschmack zu verbessern.

4 Füllen Sie den Grießpudding in Schälchen oder Tassen und lassen Sie ihn abkühlen. Sie können ihn im Kühlschrank aufbewahren, bis er fest geworden ist.

Tipp: Vor dem Servieren können Sie den Hartweizengrieß mit etwas Zimt und Zucker bestreuen, um ihm zusätzlichen Geschmack zu verleihen.

Fingerfood & Snacks

GERÄUCHERTER SPECK

4 Port. | 2 Tage | Leicht

Zutaten

500 g Schweinespeck (Bauchspeck)
1 EL grobes Meersalz
1 EL brauner Zucker
1 TL gemahlener schwarzer Pfeffer
1 TL geräuchertes Paprikapulver

Nährwerte p. P.

533 kcal
1 g Kohlenhydrate
52 g Fett
16 g Eiweiß

1 Sie sollten den Schweinespeck gründlich abspülen und mit einem Küchentuch trocken tupfen.

2 In einer Schüssel sollten Sie das grobe Meersalz, den braunen Zucker, den schwarzen Pfeffer und das geräucherte Paprikapulver mischen.

3 Den Speck sollten Sie auf beiden Seiten großzügig mit der Gewürzmischung einreiben. Dabei sollten Sie darauf achten, dass alle Seiten gleichmäßig bedeckt sind.

4 Den gewürzten Speck sollten Sie in Klarsichtfolie einwickeln und für 24 Stunden im Kühlschrank marinieren lassen.

5 Nach der Marinierzeit sollten Sie den Speck auspacken und gründlich unter fließendem Wasser abspülen, um die überschüssige Gewürzmischung zu entfernen.

6 Den Speck sollten Sie vorsichtig trocken tupfen und auf einem Rost platzieren.

7 Den Rost mit dem Speck sollten Sie in einen Räucherofen oder einen Grill mit Deckel geben. Die optimale Temperatur für das Räuchern liegt bei etwa 80 bis 90 °C Umluft.

8 Den Speck sollten Sie für etwa 2 bis 3 Stunden räuchern, bis er eine goldbraune Farbe und eine knusprige Textur erreicht hat. Dabei sollten Sie gelegentlich die Räucherchips oder -pellets nach Bedarf nachlegen, um den Rauchgeschmack zu verstärken.

9 Den geräucherten Speck sollten Sie aus dem Räucherofen nehmen und abkühlen lassen.

10 Den Speck dann in dünne Scheiben schneiden und als Snack servieren.

KAMINWURZEN

4 Port. | Mehrere Wochen + 25 Min. | Leicht

Zutaten

500 g Schweinefleisch (mager)
500 g Schweinebauch (fett)
2 TL grobes Meersalz
1 TL gemahlener schwarzer Pfeffer
1 TL gemahlener Kümmel
1 TL Paprikapulver (edelsüß)
½ TL Knoblauchpulver
Schweinedärme (zum Abfüllen)

Nährwerte p. P.

380 kcal
1 g Kohlenhydrate
33 g Fett
20 g Eiweiß

1 Sie sollten das magere Schweinefleisch und den Schweinebauch in kleine Stücke schneiden und kalt stellen.

2 In einer Schüssel sollten Sie das grobe Meersalz, den schwarzen Pfeffer, den Kümmel, das Paprikapulver und das Knoblauchpulver mischen.

3 Das Fleisch aus dem Kühlschrank nehmen und mit der Gewürzmischung gründlich vermengen. Stellen Sie sicher, dass alle Fleischstücke gut mit den Gewürzen bedeckt sind. Lassen Sie es für ca. 30 Minuten abgedeckt im Kühlschrank ruhen.

4 In der Zwischenzeit sollten Sie die Schweinedärme gemäß den Anweisungen des Herstellers vorbereiten und in Wasser einweichen.

5 Den Fleisch- und Gewürz-Mix sollten Sie durch eine Fleischwolfmaschine mit einer feinen Scheibe mahlen.

6 Die Schweinedärme gut ausspülen und vorsichtig auf die Wurstfüllmaschine oder einen Fleischwolf mit Wurstfüllaufsatz aufziehen.

7 Die Fleischmischung sollten Sie in die Därme füllen und dabei darauf achten, dass keine Luftblasen entstehen und die Wurst gleichmäßig gefüllt ist. Machen Sie zwischen den einzelnen Würsten Knoten.

8 Die Kaminwurzen sollten Sie an einem kühlen, gut belüfteten Ort zum Trocknen aufhängen. Lassen Sie sie je nach gewünschter Trockenheit etwa 3 bis 5 Wochen lang reifen.

9 Nach dem Trocknen sollten Sie die Kaminwurzen vorsichtig abwaschen, um eventuelle Schimmelbildung zu entfernen.

10 Die Kaminwurzen sollten Sie in dünne Scheiben schneiden und als Snack genießen.

VINSCHGER PAARL – KNUSPRIGES FLADENBROT

4 Port. 1 Std. Leicht

Zutaten

500 g Roggenmehl
300 ml lauwarmes Wasser
2 TL grobes Meersalz

Optional:
1 TL Kümmelsamen
1 TL Fenchelsamen

Nährwerte p. P.

130 kcal
28 g Kohlenhydrate
1 g Fett
4 g Ballaststoffe
4 g Eiweiß

1 Sie sollten eine große Schüssel nehmen und das Roggenmehl sowie das grobe Meersalz hineingeben.

2 Gießen Sie nach und nach das lauwarme Wasser in die Schüssel und kneten Sie alles zu einem geschmeidigen Teig. Möglicherweise müssen Sie etwas mehr Wasser oder Mehl hinzufügen, um die richtige Konsistenz zu erreichen.

3 Nehmen Sie den Teig aus der Schüssel und kneten Sie ihn etwa 10 Minuten auf einer leicht bemehlten Oberfläche kräftig durch. Dadurch wird der Teig glatt und elastisch.

4 Geben Sie den Teig zurück in die Schüssel, decken Sie ihn mit einem Küchentuch ab und lassen Sie ihn an einem warmen Ort etwa eine Stunde ruhen. Während dieser Zeit sollte der Teig deutlich aufgehen.

5 Heizen Sie Ihren Ofen auf 220 °C Umluft vor und legen Sie ein Backblech mit Backpapier aus.

6 Teilen Sie den Teig in kleine Portionen und rollen Sie sie dünn auf einer bemehlten Arbeitsfläche aus. Die Fladen sollten eine Dicke von etwa 2 bis 3 mm haben.

7 Optional können Sie die Fladen mit Kümmelsamen oder Fenchelsamen bestreuen und leicht in den Teig eindrücken, um zusätzlichen Geschmack zu verleihen.

8 Legen Sie die Fladenbrote auf das vorbereitete Backblech und backen Sie sie etwa 12 bis 15 Minuten lang, bis sie knusprig und goldbraun sind.

9 Nehmen Sie die Fladenbrote aus dem Ofen und lassen Sie sie abkühlen, bevor Sie sie servieren.

NUSSECKEN

6 Port. | 1 Std. 15 Min. | Leicht

Zutaten

200 g Mehl
100 g Butter
75 g Zucker
1 Ei
150 g gemahlene Haselnüsse
200 g Aprikosenmarmelade
100 g Zartbitterschokolade
1 EL Öl

Nährwerte p. P.

230 kcal
25 g Kohlenhydrate
13 g Fett
2 g Ballaststoffe
4 g Eiweiß

1 Heizen Sie den Ofen auf 180 °C Umluft vor und legen Sie ein Backblech mit Backpapier aus.

2 In einer Schüssel das Mehl, die Butter, den Zucker und das Ei zu einem Teig verkneten. Lassen Sie den Teig für etwa 30 Minuten im Kühlschrank ruhen.

3 In der Zwischenzeit können Sie die gemahlenen Haselnüsse in einer Pfanne ohne Zugabe von Fett anrösten, bis sie goldbraun sind. Nehmen Sie die Pfanne vom Herd und lassen Sie die Nüsse abkühlen.

4 Rollen Sie den Teig auf einer bemehlten Fläche aus und legen Sie ihn auf das vorbereitete Backblech. Verteilen Sie die Aprikosenmarmelade gleichmäßig auf dem Teig.

5 Die gerösteten Haselnüsse über die Marmelade streuen und leicht andrücken.

6 Backen Sie den Teig im vorgeheizten Ofen für etwa 20 bis 25 Minuten, bis er goldbraun ist. Nehmen Sie das Blech aus dem Ofen und lassen Sie den Teig vollständig abkühlen.

7 Schneiden Sie den Teig in kleine Dreiecke.

8 Schmelzen Sie die Zartbitterschokolade zusammen mit dem Öl über einem Wasserbad oder in der Mikrowelle.

9 Tauchen Sie die unteren Ecken der Dreiecke in die geschmolzene Schokolade und lassen Sie sie auf einem Rost trocknen.

10 Sobald die Schokolade fest geworden ist, sind die Nussecken bereit zum Servieren.

KRAPFEN

6 Port. | 1 Std. 15 Min. | Leicht

Zutaten

250 g Mehl
25 g Zucker
1 Päckchen Trockenhefe (7 g)
120 ml Milch
2 Eigelbe
30 g weiche Butter
Prise Salz
Marmelade zum Füllen (z. B. Erdbeermarmelade oder Pflaumenmus)
Puderzucker zum Bestäuben
Öl zum Frittieren

Optional:
Abrieb einer Zitrone

Nährwerte p. P.

210 kcal
30 g Kohlenhydrate
8 g Fett
1 g Ballaststoffe
4 g Eiweiß

1 In einem kleinen Topf die Milch leicht erwärmen. Sie sollte lauwarm sein, aber nicht zu heiß. Trockenhefe und Zucker dazugeben und kurz verrühren.

2 Das Milchgemisch zum Mehl geben und alles gut vermengen. Den Teig abdecken und an einem warmen Ort etwa 30 bis 45 Minuten gehen lassen, bis er sich deutlich vergrößert hat.

3 In der Zwischenzeit können Sie das Eigelb, die weiche Butter, eine Prise Salz und den Zitronenabrieb (falls gewünscht) in eine separate Schüssel geben und gut vermischen.

4 Geben Sie die Eigelb-Butter-Mischung zum Teig und kneten Sie alles gut durch, bis ein geschmeidiger Teig entsteht. Der Teig sollte sich leicht von den Händen lösen.

5 Den Teig erneut abdecken und an einem warmen Ort für weitere 60 bis 90 Minuten gehen lassen, bis er nochmals deutlich aufgegangen ist.

6 Den Teig auf einer leicht bemehlten Arbeitsfläche etwa 1 cm dick ausrollen. Verwenden Sie eine runde Ausstechform oder ein Glas, um kleine Kreise auszustechen.

7 Die ausgestochenen Kreise auf ein mit Backpapier ausgelegtes Backblech legen und abdecken. Lassen Sie sie nochmals für ca. 30 Minuten ruhen.

8 In einem großen Topf oder einer Fritteuse das Öl erhitzen. Die Temperatur sollte etwa 170 bis 180 °C betragen.

9 Die Krapfen vorsichtig in das heiße Öl geben und von beiden Seiten goldbraun backen. Dabei etwa 2 bis 3 Minuten pro Seite einplanen.

10 Die fertig gebackenen Krapfen mit einer Schaumkelle aus dem Öl nehmen und auf Küchenpapier abtropfen lassen.

11 Wenn die Krapfen abgekühlt sind, können Sie sie mit einer Spritztülle oder einem Spritzbeutel mit Marmelade füllen. Stechen Sie dazu seitlich in die Krapfen und füllen Sie sie großzügig.

12 Zum Abschluss bestäuben Sie die Krapfen mit Puderzucker.

SPITZBUBEN

6 Port. | 1Std. 15 Min. | Leicht

Zutaten

250 g Mehl
200 g Butter, weich
80 g Puderzucker
1 Päckchen Vanillezucker
1 Prise Salz
100 g gemahlene Mandeln
200 g Marmelade (z. B. Himbeer- oder Aprikosenmarmelade)
Puderzucker zum Bestäuben

Nährwerte p. P.

160 kcal
17 g Kohlenhydrate
9 g Fett
1 g Ballaststoffe
2 g Protein

1 In einer Schüssel werden Sie das Mehl, die weiche Butter, Puderzucker, Vanillezucker und Salz zu einem Teig verkneten. Formen Sie den Teig zu einer Kugel, wickeln Sie ihn in Frischhaltefolie ein und lassen Sie ihn für ca. 30 Minuten im Kühlschrank ruhen.

2 Heizen Sie den Backofen auf 180 °C vor und legen Sie ein Backblech mit Backpapier aus.

3 Rollen Sie den Teig auf einer bemehlten Arbeitsfläche ca. 3 mm dick aus. Stechen Sie mit einem runden Ausstecher (ca. 5 cm Durchmesser) gleich viele Teigplätzchen aus.

4 Stechen Sie auf die Hälfte der Teigplätzchen mit einem kleineren Ausstecher (z. B. Herzform) in der Mitte ein Loch aus. Die ausgestochenen Teigreste können erneut ausgerollt werden, um weitere Plätzchen auszustechen.

5 Legen Sie die Teigplätzchen auf das vorbereitete Backblech und backen Sie sie im vorgeheizten Ofen für ca. 10 bis 12 Minuten goldbraun.

6 Rösten Sie die Mandeln in einer Pfanne ohne Fett goldbraun an.

7 Bestreichen Sie die ungebackenen Teigplätzchen mit einem Teelöffel Marmelade und bestreuen Sie sie mit den gerösteten Mandeln.

8 Bestäuben Sie die gebackenen Teigplätzchen mit dem Loch mit Puderzucker.

9 Setzen Sie die bestrichenen Plätzchen vorsichtig auf die mit Puderzucker bestäubten Plätzchen und drücken Sie sie leicht zusammen.

10 Lassen Sie die Spitzbuben vollständig abkühlen und bewahren Sie sie in einer luftdichten Dose auf.

TIROLER APFELRIEGEL

6 Port. | 40 Min. | Leicht

Zutaten

200 g Haferflocken
100 g Dinkelmehl
100 g gemahlene Mandeln
100 g Honig oder Ahornsirup
80 g Butter, geschmolzen
2 Äpfel, geschält und in kleine Stücke geschnitten
1 TL Zimt
Prise Salz

Nährwerte p. P.

200 kcal
26 g Kohlenhydrate
9 g Fett
4 g Ballaststoffe
4 g Protein

1 Heizen Sie den Backofen auf 180 °C Umluft vor und legen Sie eine rechteckige Backform mit Backpapier aus.

2 In einer großen Schüssel vermischen Sie Haferflocken, Dinkelmehl, gemahlene Mandeln, Honig oder Ahornsirup, geschmolzene Butter, Zimt und eine Prise Salz. Rühren Sie die Zutaten gut zusammen, bis sie eine gleichmäßige Masse ergeben.

3 Fügen Sie die geschnittenen Äpfel hinzu und mischen Sie sie gleichmäßig unter den Teig.

4 Geben Sie die Teigmischung in die vorbereitete Backform und drücken Sie sie fest und gleichmäßig an.

5 Backen Sie die Apfelriegel im vorgeheizten Ofen für ca. 25 bis 30 Minuten oder bis sie goldbraun sind.

6 Nehmen Sie die Backform aus dem Ofen und lassen Sie sie vollständig abkühlen. Schneiden Sie dann den abgekühlten Teig in Riegel oder Quadrate.

7 Die Tiroler Apfelriegel können in einer luftdichten Dose aufbewahrt werden.

8 Genießen Sie Ihre selbst gemachten Tiroler Apfelriegel!

LAUGENBREZEL

6 Port. | 1,5 Std. | Leicht

Zutaten

500 g Weizenmehl (Type 550)
7 g Trockenhefe
1 TL Zucker
10 g Salz
300 ml lauwarmes Wasser
40 g Butter, geschmolzen
50 g Natron
Grobes Meersalz zum Bestreuen

Nährwerte p. P.

230 kcal
45 g Kohlenhydrate
3 g Fett
2 g Ballaststoffe
6 g Protein

1 In einer großen Schüssel mischen Sie das Weizenmehl, die Trockenhefe, den Zucker und das Salz. Fügen Sie nach und nach das lauwarme Wasser hinzu und kneten Sie den Teig etwa 5 bis 10 Minuten, bis er geschmeidig ist.

2 Decken Sie die Schüssel mit einem Küchentuch ab und lassen Sie den Teig an einem warmen Ort für ca. eine Stunde gehen, bis er sein Volumen verdoppelt hat.

3 Heizen Sie den Backofen auf 200 °C Umluft vor und legen Sie ein Backblech mit Backpapier aus.

4 Teilen Sie den Teig in 10 gleich große Stücke und formen Sie daraus lange Stränge. Formen Sie jeden Strang zu einer Brezelform.

5 Bringen Sie in einem großen Topf Wasser zum Kochen und fügen Sie das Natron hinzu. Legen Sie die Brezeln nacheinander für ca. 30 Sekunden in das kochende Natronwasser. Nehmen Sie sie dann mit einem Schaumlöffel heraus und legen Sie sie auf das vorbereitete Backblech.

6 Bestreichen Sie die Laugenbrezeln mit geschmolzener Butter und bestreuen Sie sie großzügig mit grobem Meersalz.

7 Backen Sie die Brezeln im vorgeheizten Ofen für ca. 15 bis 20 Minuten, bis sie goldbraun sind.

8 Lassen Sie die Laugenbrezeln auf einem Rost abkühlen und genießen Sie sie frisch.

STRUZENCHIPS

2 Port. | 35 Min. | Leicht

Zutaten

2 große Süßkartoffeln
2 EL Olivenöl
Salz und Gewürze nach Geschmack (z. B. Paprika, Knoblauchpulver, Kreuzkümmel)

Nährwerte p. P.

120 kcal
20 g Kohlenhydrate
4 g Fett
4 g Ballaststoffe
2 g Protein

1 Heizen Sie den Backofen auf 200 °C Umluft vor und legen Sie ein Backblech mit Backpapier aus.

2 Schälen Sie die Süßkartoffeln und schneiden Sie sie in dünne Scheiben. Es ist am besten, dafür einen Gemüsehobel oder eine Mandoline zu verwenden, um gleichmäßig dünne Scheiben zu erhalten.

3 Legen Sie die Süßkartoffelscheiben in eine Schüssel und geben Sie das Olivenöl darüber. Mischen Sie gut, um sicherzustellen, dass alle Scheiben mit Öl bedeckt sind.

4 Würzen Sie die Scheiben mit Salz und Gewürzen Ihrer Wahl. Sie können zum Beispiel Paprika, Knoblauchpulver oder Kreuzkümmel verwenden.

5 Legen Sie die gewürzten Süßkartoffelscheiben in einer einzigen Schicht auf das vorbereitete Backblech.

6 Backen Sie die Struzenchips im vorgeheizten Ofen für etwa 20 bis 25 Minuten oder bis sie goldbraun und knusprig sind. Achten Sie darauf, die Chips während des Backens zu beobachten, da sie schnell verbrennen können.

7 Nehmen Sie das Backblech aus dem Ofen und lassen Sie die Struzenchips vollständig abkühlen.

8 Sobald die Chips abgekühlt sind, können Sie sie knusprig und lecker genießen.

HAFER-APFEL-SHELLS

6 Port. | 40 Min. | Leicht

Zutaten

2 große Äpfel, geschält, entkernt und gewürfelt
100 g Haferflocken
200 g Mehl (kann auch Vollkornmehl verwendet werden)
50 g brauner Zucker (kann nach Bedarf angepasst werden)
50 g geschmolzene Butter oder Kokosöl
1 TL Zimt
Prise Salz

Nährwerte p. P.

270 kcal
46 g Kohlenhydrate
9 g Fett
6 g Ballaststoffe
4 g Protein

1 Heizen Sie den Backofen auf 180 °C Umluft vor und fetten Sie eine Backform oder Auflaufform leicht ein.

2 In einer großen Schüssel kombinieren Sie die Haferflocken, das Mehl, den braunen Zucker, den Zimt und eine Prise Salz. Rühren Sie die Zutaten gut zusammen.

3 Fügen Sie die gewürfelten Äpfel und die geschmolzene Butter oder das Kokosöl hinzu. Mischen Sie alles gut, bis die Äpfel gleichmäßig mit der Hafermischung bedeckt sind. Verteilen Sie die Mischung gleichmäßig in der vorbereiteten Backform.

4 Backen Sie die Hafer-Apfel-Shells für etwa 25 bis 30 Minuten oder bis sie goldbraun und knusprig sind.

5 Lassen Sie die Shells etwas abkühlen und servieren Sie sie warm. Sie können sie pur genießen oder mit Joghurt oder Eiscreme servieren.

Getränke

SÜDTIROLER HUGO

1 Port. 10 Min. Leicht

Zutaten

6 cl Prosecco
4 cl Holunderblütensirup
Mineralwasser
Minzblätter
Limettenscheiben
Eiswürfel

Nährwerte p. P.

130 kcal
20 g Kohlenhydrate
0 g Fett
1 g Eiweiß
15 g Zucker

1 Geben Sie den Holunderblütensirup, Minzblätter und Limettenscheiben in ein Glas. Füllen Sie das Glas mit Eiswürfeln.

2 Gießen Sie Prosecco darüber und füllen Sie das Glas mit Mineralwasser auf.

3 Rühren Sie vorsichtig um und garnieren Sie das Getränk mit Minzblättern.

APFEL-MINZ-SMOOTHIE

2 Port. 10 Min. Leicht

Zutaten

2 Äpfel, geschält und entkernt
1 Handvoll frische Minzblätter
200 ml Naturjoghurt
Eiswürfel

Optional:
1 EL Honig

Nährwerte p. P.

150 kcal
30 g Kohlenhydrate
1 g Fett
4 g Ballaststoffe
2 g Eiweiß
25 g Zucker
10 mg Natrium

1 Geben Sie die Äpfel, Minzblätter, Joghurt und Honig in einen Mixer. Mixen Sie alles zu einer glatten Konsistenz.

2 Fügen Sie nach Bedarf Eiswürfel hinzu, um den Smoothie zu kühlen.

3 Gießen Sie den Smoothie in Gläser und servieren Sie ihn sofort.

TRADITIONELLER ALPENKRÄUTERTEE

2 Port. 20 Min. Leicht

Zutaten

1 Liter Wasser
1 Handvoll Alpenkräuter (z. B. Minze, Melisse, Thymian, Salbei, Brennnessel)

Optional:
Honig oder Agavendicksaft
Zitronenscheiben

Nährwerte p. P.

5 kcal
1 g Kohlenhydrate
0 g Fett
0 g Protein

1 In einem großen Topf bringen Sie das Wasser zum Kochen. Während das Wasser erhitzt wird, können Sie die Alpenkräuter gründlich waschen und abtropfen lassen.

2 Sobald das Wasser kocht, geben Sie die gewaschenen Kräuter in den Topf und reduzieren die Hitze auf niedrige Stufe. Lassen Sie den Tee für etwa 10 bis 15 Minuten köcheln, damit sich die Aromen der Kräuter vollständig entfalten können.

3 Nachdem der Tee ausreichend gekocht hat, nehmen Sie den Topf vom Herd und seihen den Tee ab, um die Kräuterreste zu entfernen. Dadurch erhalten Sie einen klaren und reinen Tee. Falls gewünscht, können Sie den Tee jetzt mit Honig oder Agavendicksaft süßen und umrühren, bis sich das Süßungsmittel vollständig aufgelöst hat.

4 Für eine erfrischende Note können Sie optional Zitronenscheiben hinzufügen. Diese geben dem Tee eine leicht zitrusartige Geschmacksnote und verleihen ihm einen erfrischenden Kick.

5 Servieren Sie den Alpenkräutertee heiß und genießen Sie ihn am besten in einer gemütlichen Tasse oder einem Glas. Tauchen Sie ein und lassen Sie sich von den Aromen der Kräuter verwöhnen, während Sie die wohltuende Wirkung des Tees auf sich wirken lassen.

MARILLENSCHNAPS

2 Port. | Mehrere Monate + 1 Std. | Leicht

Zutaten

1 kg reife Marillen (Aprikosen)
500 ml klarer Schnaps (mindestens 40 % Alkoholgehalt)
300 g Zucker
500 ml Wasser

Nährwerte p. P.

100 kcal
6 g Kohlenhydrate
0 g Fett
0 g Ballaststoffe
0 g Eiweiß

1 Waschen Sie die Marillen gründlich, halbieren Sie sie und entfernen Sie den Stein. Geben Sie die Marillenhälften in ein großes Einmachglas oder einen Glasbehälter.

2 Gießen Sie den Schnaps über die Marillen, sodass sie vollständig bedeckt sind. Verschließen Sie das Gefäß gut.

3 Lassen Sie das Gefäß an einem kühlen, dunklen Ort für etwa 6 Wochen stehen, damit die Aromen der Marillen in den Schnaps übergehen können.

4 Nach 6 Wochen bereiten Sie einen Zuckersirup vor, indem Sie den Zucker und das Wasser in einen Topf geben. Erhitzen Sie den Topf bei mittlerer Hitze und rühren Sie, bis sich der Zucker vollständig aufgelöst hat. Lassen Sie den Sirup abkühlen.

5 Filtern Sie den gesättigten Marillenschnaps durch ein feines Sieb oder Kaffeefilter, um die Fruchtrückstände zu entfernen. Gießen Sie den Schnaps in eine Flasche.

6 Fügen Sie den abgekühlten Zuckersirup zum Schnaps hinzu und verschließen Sie die Flasche gut. Schütteln Sie die Flasche vorsichtig, um den Sirup gleichmäßig zu verteilen.

7 Lassen Sie den Marillenschnaps für weitere 2 bis 3 Monate reifen, damit sich die Aromen vollständig entwickeln können.

8 Der Marillenschnaps ist jetzt verzehrfertig. Servieren Sie ihn gekühlt in kleinen Gläsern als Digestif.

APFELMOST

2 Port. | 1 Std. | Leicht

Zutaten

2 kg Äpfel (am besten säuerliche Sorten wie Boskop oder Granny Smith)
Wasser

Optional:
Zucker oder Süßungsmittel nach Geschmack

Nährwerte p. P.

46 kcal
11 g Kohlenhydrate
0 g Fett
1 g Ballaststoffe
10 g Zucker

1 Die Äpfel sollten gründlich gewaschen und in kleine Stücke geschnitten werden. Entfernen Sie bitte die Kerne und Stiele.

2 Geben Sie die Apfelstücke in einen großen Topf und bedecken Sie sie mit Wasser. Die Menge an Wasser, die Sie verwenden, hängt von der gewünschten Stärke des Apfelmosts ab. Sie können etwa 1,5 bis 2 Liter Wasser pro 2 kg Äpfel verwenden.

3 Bringen Sie die Apfelstücke im Wasser zum Kochen und lassen Sie sie dann bei mittlerer Hitze für etwa 30 bis 40 Minuten köcheln, bis die Äpfel weich sind.

4 Lassen Sie die gekochten Äpfel abkühlen und sieben Sie sie dann durch ein feines Sieb oder ein Tuch, um den Saft zu extrahieren. Fangen Sie den Saft auf und gießen Sie ihn in eine saubere Flasche oder einen Krug.

5 Sie können den Apfelmost nach Belieben mit Zucker oder einem Süßungsmittel Ihrer Wahl süßen. Achten Sie darauf, die gewünschte Süße allmählich zu erhöhen und zwischendurch zu probieren, um den gewünschten Geschmack zu erzielen.

6 Verschließen Sie den Apfelmost gut und lagern Sie ihn im Kühlschrank. Der Apfelmost kann gekühlt serviert werden und hält sich etwa 3 bis 4 Tage im Kühlschrank.

KAFFEE SÜDTIROLER ART

2 Port. 10 Min. Leicht

Zutaten

1 Tasse frisch gebrühter Kaffee (ca. 250 ml)
30 ml Amaretto-Likör
30 ml Grappa (alternativ können Sie auch Rum oder Brandy verwenden)
1 TL brauner Zucker
Kakaopulver (zum Bestäuben)

Optional:
Schlagsahne (zum Garnieren)

Nährwerte p. P.

150 kcal
10 g Kohlenhydrate
0 g Fett
0 g Ballaststoffe
0 g Eiweiß

1 Brühen Sie eine Tasse Kaffee nach Ihren Vorlieben auf. Sie können dafür eine Espressomaschine, einen Kaffeefilter oder eine French Press verwenden.

2 Gießen Sie den frisch gebrühten Kaffee in eine hitzebeständige Tasse oder ein Glas.

3 Geben Sie den Amaretto-Likör und die Grappa in den Kaffee. Fügen Sie einen Teelöffel braunen Zucker hinzu und rühren Sie gut um, bis sich der Zucker aufgelöst hat.

4 Optional können Sie eine Haube aus Schlagsahne auf den Kaffee geben. Schlagen Sie die Schlagsahne steif und setzen Sie sie vorsichtig oben auf den Kaffee.

5 Bestäuben Sie den Kaffee mit etwas Kakaopulver für eine dekorative Note. Servieren Sie den Kaffee heiß und genießen Sie ihn langsam.

KAKAO MIT ZIMT UND ZUCKER

2 Port. | 10 Min. | Leicht

Zutaten

250 ml Milch (Fettarm oder nach Belieben)
2 TL ungesüßtes Kakaopulver
Kakaopulver oder Schokoladenraspel (zum Bestäuben)

Optional:
Schlagsahne (zum Garnieren)
1 - 2 TL Zucker (je nach gewünschter Süße)
1 Prise Zimt

Nährwerte p. P.

120 kcal
15 g Kohlenhydrate
3 g Fett
2 g Ballaststoffe
8 g Eiweiß

1 Erhitzen Sie die Milch in einem Topf bei mittlerer Hitze, bis sie heiß, aber nicht kochend ist.

2 Geben Sie das ungesüßte Kakaopulver in eine Tasse und fügen Sie nach Belieben Zucker und eine Prise Zimt hinzu. Mischen Sie alles gut durch.

3 Gießen Sie etwa zwei Esslöffel der heißen Milch über das Kakaopulver in der Tasse. Rühren Sie gut um, bis sich das Kakaopulver aufgelöst hat und eine glatte Paste entsteht.

4 Gießen Sie nun nach und nach die restliche heiße Milch in die Tasse und rühren Sie kontinuierlich, um den Kakao gleichmäßig zu verteilen.

5 Optional können Sie den Kakao mit Schlagsahne garnieren. Schlagen Sie die Sahne steif und setzen Sie eine Haube oben auf den Kakao.

6 Bestäuben Sie den Kakao mit etwas Kakaopulver oder Schokoladenraspeln, um ihn optisch zu verschönern.

7 Servieren Sie den Südtiroler Kakao heiß und genießen Sie ihn langsam.

JOGHURT-SHAKE

2 Port. 15 Min. Leicht

Zutaten

250 ml Südtiroler Apfelsaft
150 g Südtiroler Joghurt (natur oder nach Geschmack)
1 reifer Südtiroler Apfel, geschält und in Stücke geschnitten
1 Handvoll Eiswürfel

Optional:
1 EL Honig (zum Süßen)

Nährwerte p. P.

180 kcal
35 g Kohlenhydrate
2 g Fett
3 g Ballaststoffe
5 g Eiweiß

1 Geben Sie den Südtiroler Apfelsaft, den Joghurt, die Apfelstücke und den Honig (falls gewünscht) in einen Mixer. Der Südtiroler Apfelsaft wird aus frischen und saftigen Äpfeln der Region hergestellt und verleiht dem Shake einen authentischen Geschmack. Wählen Sie einen Joghurt nach Ihrem persönlichen Geschmack, ob naturbelassen oder mit einer fruchtigen Note.

2 Fügen Sie eine Handvoll Eiswürfel hinzu, um den Shake schön kühl und erfrischend zu machen. Die Eiswürfel sorgen für eine angenehme Temperatur und machen den Shake besonders erfrischend, perfekt für heiße Sommertage oder als Energiekick am Morgen.

3 Mixen Sie alle Zutaten im Mixer, bis sie glatt und gut vermischt sind. Stellen Sie sicher, dass der Shake eine cremige Konsistenz hat und alle Zutaten zu einer homogenen Masse verschmelzen. Dies dauert normalerweise nur wenige Minuten, je nach Leistungsfähigkeit Ihres Mixers.

4 Probieren Sie den Shake und passen Sie die Süße an, indem Sie bei Bedarf mehr Honig hinzufügen. Je nachdem, wie süß Sie Ihren Shake mögen, können Sie mehr Honig hinzufügen und den Geschmack an Ihre Vorlieben anpassen. Der Honig verleiht dem Shake eine natürliche Süße und rundet das Geschmackserlebnis ab.

5 Gießen Sie den Shake in ein Glas und garnieren Sie ihn mit einem Stück frischem Obst oder einer Apfelscheibe.

6 Eine dekorative Garnitur gibt dem Shake eine ansprechende Optik und unterstreicht den frischen und fruchtigen Charakter des Getränks. Wählen Sie zum Beispiel eine Scheibe eines frischen Südtiroler Apfels oder andere passende Obstsorten.

7 Servieren Sie den typischen Shake aus Südtirol sofort und genießen Sie ihn gekühlt. Der Shake ist am besten, wenn er direkt nach der Zubereitung serviert wird, um seine Frische und den vollen Geschmack zu bewahren. Genießen Sie den Shake gekühlt, um seine erfrischenden Eigenschaften voll auszukosten.

Tipp: Dieser Shake ist eine köstliche Möglichkeit, die frischen und fruchtigen Aromen der Südtiroler Äpfel zu genießen. Er eignet sich hervorragend als erfrischendes Getränk oder als gesunder Snack. Prost!